Del

Cero

al

Infinito

Guía práctica y efectiva para
alcanzar tus metas utilizando la
matemática del éxito

Edwin De Paula

Título original de esta obra:
Del Cero al Infinito:
Guía práctica y efectiva para alcanzar tus metas utilizando la
matemática del éxito

Título en inglés:
From Zero to Infinity:
A practical and effective guide to reach your goals using the
mathematics of success

Edición publicada por
CreateSpace, una compañía de Amazon - 2014
Charleston, South Carolina, USA

Diseño de portada
Carlos Wilbert Hilario
carloswilbert483@hotmail.com

Diseño del interior
Brenda De Paula
info@zerotoinfinity.org

Edición
José I. Pacheco

ISBN-13: 978-0692256992

Impreso en los Estados Unidos de América
ISBN-10: 0692256997
ISBN-13: 978-0692256992

TABLA DE CONTENIDO

DEDICATORIA

Este libro está dedicado a mis queridos hijos Christian y Christopher. Espero que cuando alcancen la edad suficiente para leer estas páginas puedan utilizar la presente guía para alcanzar sus sueños y metas en esta vida.

Pero más importante aún, espero que esta obra surgida desde lo más profundo de mi corazón les ayude a seguir los pasos del maestro Jesucristo, pues sin duda los conducirán al infinito, ¡a la eternidad!

PRÓLOGO

DEL CERO AL INFINITO es uno de los libros sobre motivación personal más interesantes que he leído. Esta obra combina un contenido sencillo y profundo que cautiva la mente del lector, además nos envuelve en una esfera de elementos prácticos que nos motivan a alcanzar el éxito en cualquier jornada que iniciemos.

De una forma u otra todos deseamos tener éxito en las diferentes áreas de la vida, así como lograr nuevas metas aumentando nuestro potencial. El mundo está lleno de personas frustradas porque han fracasado en lograr sus metas, pero a los tales quiero decirles que una obra como esta equivale a encontrar un oasis en el desierto.

Con excelente facilidad, Edwin De Paula nos provee consejos oportunos utilizando creativamente principios matemáticos, y por medio de ellos nos guía en una jornada de luchas por nuestras metas. Nos ayuda además a soñar y aprender a enfrentar los desafíos que nos llegan; en fin, a tomar decisiones acertadas en la vida. De Paula nos motiva para que aspiremos lo mejor sin importar los obstáculos que enfrentemos, haciendo énfasis en que todos en general comenzamos desde "cero" para finalmente llegar al "infinito" de nuestros objetivos.

El autor nos dice que el "cero" es un punto de partida y no un lugar a donde debemos regresar. Me agrada la forma en que nos motiva a hacer una

autoevaluación o autoestudio, a escribir nuestros desafíos y metas, al mismo tiempo nos provee herramientas para superarlos y lograrlos; nos recomienda además a tener un mentor que nos escuche y oriente en la vida puesto que no somos una isla aparte, por así decirlo, sino seres co-dependientes de otros.

De Paula también nos recuerda que debemos ser positivos y nos provee interesantes pautas para que enfrentemos los fracasos de la vida y salgamos victoriosos. También nos anima a tener un valor absoluto que no dependa de lo que tenemos sino de lo que somos como personas. En este libro podrás encontrar los principios y experiencias que moldearon al autor y cómo esos principios nos ayudan e inspiran también en nuestra vida.

Finalmente, DEL CERO AL INFINITO nos muestra la meta suprema a la que cada ser humano debe alcanzar en esta vida para ser feliz, una meta que trasciende lo temporal y se extiende hacia lo eterno. Por consiguiente, querido lector, sumérgete en la lectura de este libro sin importar tú situación actual, ¡te aseguro que será de mucha inspiración!

Andrés Peralta, D.Min.
Director del Ministerio Juvenil
de la Unión Adventista del Atlántico en Estados Unidos

Un libro es siempre, hasta cierto punto, el recuento de un viaje. Pero el viaje que usted emprenderá no es idéntico al mío así que retenga únicamente aquello que esté en condiciones de pasar la prueba del tiempo.

Mark Fisher

AGRADECIMIENTOS

Agradezco a Dios por darme la oportunidad de vivir y compartir mi experiencia con muchas otras personas a través de este libro. Gracias a mi amada esposa Brenda por ser mi compañera de jornada, por su amor y apoyo.

Agradezco a mis padres Francisco De Paula y Severina Adón por brindarme los valores humanos que hoy puedo compartir en estas páginas. A mis hermanas Carmen, Kenia, Nancy y Grisobel por acompañarme en la primera parte de la jornada de la vida.

Hay muchas personas que de manera directa o indirecta merecen ser mencionadas aquí y quienes siempre les estaré agradecido. Teresa, Jorge, Mario, José, Francisco, Dignora, Silvia, Helaine, Argenis, Oscar, Henry, Argentina, Griselda, Davis, Mariel, Jonathan, Esquivil, Aracelis, Ydelci, Rosanna, Caonabo, Claris, Moisés, J. Coxaj, J. Andrade, Raysa, Julio César, Kathy, Alessandro y todos aquellos que hicieron que mi jornada fuera más llevadera, gracias por ayudarme a alcanzar el infinito.

Agradecimientos especiales al Dr. Gerson P. Santos, al pastor José Carpio, a Nelly Harris, a Esther Adames, a Rud E. Ledesma, a Alerson Jaquez y al Dr. Ronald Rojas por sus valiosos aportes a este proyecto. También agradezco al diplomático estadounidense Michael B. Doyle en cualquier lugar en que se encuentre sirviendo a su país.

¡Gracias infinitas a todos ustedes mis lectores, mis más sinceros agradecimientos y amor para todos!

Del
Cero
al
Infinito

INTRODUCCIÓN: CERO

"Yo soy el alfa y la omega, el principio y el fin".

Jesús

E1 libro que tienes en tus manos no creas que nació de la nada. Es decir, pensándolo bien, nació de años de frustración, de desesperanza, de incógnitas y de deseos no cumplidos; de lo más bajo en la escala del éxito: del cero.

Escribir implica compartir algo, por eso es que en las siguientes páginas te invito a entrar a mi mundo, donde espero compartir contigo experiencias, algunas de la vida real y otras que son frutos de la imaginación. DEL CERO AL INFINITO intenta explicar la relación que hay entre la nada y el todo; con el infinito que es la expresión perfecta. Intenta establecer un contraste entre la escasez y la abundancia, entre lo humano y lo divino.

A través de estas páginas encontrarás algunas explicaciones, y a medida que avancemos juntos en nuestra jornada te mostraré que lo más importante en esta vida es aumentar y crecer hasta alcanzar nuestro máximo potencial; un avance sistemático que algunos definen como *progresar*.

Mi objetivo principal es demostrar que los sueños y los ideales humanos tienen un punto de partida y un punto de llegada, al que llamamos *meta*. No importa si tu meta consiste en bajar de peso, o quizá ser aceptado en la Universidad Harvard. Espero que esta guía te ayude a convertir tus metas en realidad.

Siempre he admirado a las personas que han luchado por lograr sus objetivos, por eso además de mis experiencias, compartiré las de otros que como tú y yo, en algún momento de sus vidas se vieron en una extrema frustración, en una extrema pobreza y desesperación, o en una gran agonía. Muchos de ellos nos legaron sus valores mediante frases que hoy repetimos y citamos con el objetivo de extraer de sus enseñanzas la motivación para seguir avanzando.

La matemática es la herramienta perfecta para ilustrar la aplicación de conceptos abstractos a la vida diaria, en una manera práctica y que tenga sentido. Se dice que la matemática es una ciencia perfecta. No importa si la misma fue tu materia preferida, o si no eres muy amigo de la matemática, espero que al terminar nuestra jornada veas la otra cara de esta ciencia: **la matemática del éxito.**

Una vez leí que "los libros son como las abejas que llevan el polen del conocimiento de una mente a la otra"; por tanto, espero que la presente obra enriquezca tu vida y te ayude a crecer.

El cero es el símbolo de un comienzo, así que te felicito porque has iniciado una nueva jornada en tu vida y te animo a disfrutar de ella cada día.

"No es lo que tú tienes, sino cómo usas lo que tienes lo que marca la diferencia".

Zig Ziglar

MI PUNTO DE PARTIDA

En las siguientes líneas escribe tu situación actual. Puedes incluir los siguientes aspectos: espirituales, financieros, relacionales, de salud, académicos y filantrópicos.

_____

_____

_____

_____

_____

_____

_____

_____

_____

UNO: EL INICIO DE LA JORNADA

"Una jornada de mil kilómetros siempre inicia
con un simple paso".

Lao-Tze

Hace muchos años, escuché la frase citada anteriormente en un anuncio radial que promocionaba bebidas alcohólicas. Lo que no estoy seguro es si el publicista se estaba refiriendo a la jornada del individuo que se inicia con un simple "trago social" y que luego cae víctima del alcoholismo. Claro está, el mencionado aviso comercial probablemente no intentaba enfatizar el lado oscuro del alcohol.

Los creadores de dicha campaña publicitaria no lograron incitarme a que comprara la bebida que promovían. Sin embargo, debo admitir que aunque no lograron su cometido, con el paso de los años aquella frase sigue tan fresca en mi mente como el primer día. ¿Por qué? Porque te desafía a iniciar algo nuevo.

Un problema que afecta a los jóvenes y adultos de

nuestros días es que no se deciden a dar ese primer paso. Dilatar una decisión vital en la vida es casi lo mismo que no tomarla. En nuestra sociedad los psicólogos utilizan con mucha frecuencia la palabra *procrastinar* que según el diccionario significa "diferir o aplazar".

Recientemente escuché al gran motivador norteamericano Jack Canfield desafiar a cientos de personas, que lo escuchaban en un auditorio, a que actuaran. Tomó uno de sus libros más vendidos de la serie *Sopa de pollo para el alma* e introdujo en el mismo un billete de $100 para que le sirviera de marcador. Levantó en alto el libro y lanzó el desafío: "¿Quién de ustedes desearía tener este libro?" El auditorio estaba repleto de personas. Cinco de ellas se pusieron en pie o levantaron su mano, pero tan solo una emprendió la marcha hacia la meta. Subió al estrado y arrebató el libro de las manos del autor. Por supuesto, Canfield tenía un plan y no perdió tiempo para decirle a su audiencia que se necesita actuar con el fin de obtener lo que se desea.

Las decisiones que tomamos a diario se podrían comparar con el timón de un automóvil: quizás no puedan cambiar la velocidad a la que viajamos, pero de seguro cambiarán el rumbo de nuestra jornada.

Una decisión siempre se origina en la mente. En

algunos casos surgen cuando pensamos que la vida que hemos vivido hasta ahora carece de significado, o que sencillamente no hemos desarrollado todo nuestro potencial. Ese puede ser el detonador para que decidamos que algo tiene que cambiar. Desde luego, una decisión que permanece encerrada en la mente no servirá de mucho.

Hace años cuando tan solo era un chico que jugaba beisbol en el estadio para pequeñas ligas de mi ciudad natal, fui seleccionado para formar parte de un equipo que iría a jugar a Canadá. Tenía para ese tiempo once años de edad y carecía de la formación del Internet y de la televisión que muchos jovencitos poseen en la actualidad. Mi mundo no era mucho más grande que el conformado por una pequeña ciudad de una pequeña isla del Caribe. ¿Canadá? La verdad es que me impresionaba mucho más la idea de viajar en un avión que conocer a otro país, pero todo eso cambió de manera drástica. A nuestra llegada a aquella nación, mi perspectiva de la vida cambió en tan solo dos semanas. Cada día era parte de una jornada que me enseñaba cosas que jamás había soñado. Me impresionó el viaje en avión, el recinto de la universidad donde nos hospedamos, los pajarillos que saltaban sobre el verdor de la grama. La nitidez y la limpieza de las calles, el sistema de transporte, y sobre todo la comida en abundancia.

Canadá se convirtió en un sinónimo de felicidad. La verdad es que a los once años uno no piensa mucho en la eternidad, pero considerando todo aquello de manera retrospectiva, aquel país era lo más cerca al cielo prometido que había experimento en mis breves once años de vida. Jugamos seis partidos, de los cuales ganamos cinco y cada día era una constante aventura: tiendas, paseos, las cataratas y sobre todo la deliciosa comida. Fueron catorce días de continua felicidad.

Al regresar de nuestro viaje, tomé una decisión muy secreta de que algún día me iría a vivir a un país desarrollado. Amigo lector, nunca es demasiado temprano para tomar una decisión. Desde aquel momento se inició una jornada que catorce años más tarde me permitió alcanzar el anhelado sueño de vivir en un país desarrollado.

SUEÑOS Y DECISIONES

"Soñar no cuesta nada", dice un viejo refrán y cuánta verdad no hay encerrada en esa sencilla expresión. Los sueños son grandes motivadores que nos llevan a la acción. Después de la extrema necesidad humana, que en mi opinión es el motivador número uno, los sueños son la base principal de la mayor parte de las decisiones que tomamos en la vida. Quizá lo que más me atrae de los sueños, es que nos inspiran a enfocarnos en aquello que anhelamos.

De esa realidad, de enfocarnos en lo ambicionado, se desprende un principio fundamental: el *inicio* de la jornada está inspirado por el *destino final* de la misma. En el momento que identificamos nuestras grandes aspiraciones en la vida, estaremos dando un primer paso que nos ayudará a alcanzar lo buscado.

El cero, que utilizaremos en la presente obra, no es más que un indicador de que algo está por comenzar. Algunos consideran el cero como un símbolo vacío, como falto de valor. Sin embargo, el cero es sencillamente la indicación de que de allí en adelante habrá un progreso continuo hasta alcanzar lo propuesto.

Imagínate que sueñas con ir a conocer el estado de California y que para ello decides hacer un viaje partiendo desde Nueva York; en este dicho simbolismo esta última ciudad podría representar el cero, mientras que California a su vez representaría el infinito. ¿Captaste la idea? Toda meta está inspirada por un futuro, y demarcada por un punto de partida que sirve de referencia para evaluar nuestro progreso. Siguiendo esa analogía, podrás evaluar cuán lejos estás de alcanzar tu infinito (California), cuando llegues a Chicago. Ahora bien, si vivieras en Utah y deseas visitar California, aunque ese viaje es menos largo, jamás llegarás a tu destino final si no te decides a emprender la travesía. Por tanto, no importa dónde te encuentres, tendrás que tomar la decisión de iniciar tu jornada hacia cualquier meta y ¡ojalá que fuera ahora mismo!

LOS SUEÑOS NO CONOCEN LÍMITES

Los sueños son libres y sin límites y la mente humana es la más brillante obra del Creador. El raciocinio humano es comparable a la interacción que ocurre entre el *software* y el CPU de un ordenador. Todos los seres humanos estamos dotados del mismo *hardware*, o sea todos tenemos un cerebro; pero cada uno decidirá cómo ha de programar su computadora, su mente. Para ello, por lo general tomamos los valores de nuestros padres o tutores, los modificamos y los hacemos algo propio. No cabe duda que la sociedad donde vivimos juega un rol importantísimo también, pero la realidad es que nosotros elegimos cómo vamos a programar nuestras mentes: para bien, o para mal.

"Si tu mente está condicionada a estancarse ante los límites que nos impone el medio social, estarás estancando el poder de la imaginación y privándote del privilegio de soñar".

Si tu mente está condicionada a estancarse ante los límites que nos impone el medio social, estarás estancando el poder de la imaginación y privándote del privilegio de soñar. De la mente humana han surgido grandes edificaciones, naves espaciales, televisores, teléfonos, la Internet, aviones, la radio y todos los inventos de la vida moderna. Todo se inició en la mente de alguien. Esa capacidad es precisamente lo que nos diferencia de los animales: la habilidad que Dios nos ha dado para razonar, pensar y soñar.

Soñar es algo irreal e intangible, podríamos también decir que es algo sin límites, por tanto es un acto infinito. Tus metas y sueños pueden ser tan grandes y ambiciosos como el infinito, o tan pequeños y estáticos como el cero. Mientras emprendes tu viaje por la vida, recuerda que toda jornada está marcada por un punto de partida, e inspirada por un punto de llegada, y que podrás llegar tan lejos como te lo propongas. Asimismo, el tiempo que te tome cualquier jornada dependerá del momento en que decidas dejar atrás el punto de partida, luego de tomar la decisión de alcanzar tus sueños. ¡Decídete hoy a dejar el cero atrás!

"Todos tus sueños pueden hacerse realidad si tienes el coraje de perseguirlos".

Walt Disney

MIS SUEÑOS Y ASPIRACIONES EN LA VIDA

En las siguientes líneas escribe tus sueños. No limites tu imaginación. ¡Sueña en grande!

_____

_____

_____

_____

_____

_____

_____

_____

_____

_____

_____

Capítulo 2

MANTENERSE EN EL LADO POSITIVO

"Ser hoy mejor que ayer y mañana mejor que hoy;
este es objetivo de la vida".

Amaury Rodríguez

En el mundo actual contamos con todo aquello que se necesita para vivir vidas felices. Antes de que existieran los seres humanos, ya Dios había creado todo lo que podrían necesitar. En nuestra jornada vital deberíamos entender y aceptar ese principio, de lo contrario correremos tras una meta imposible: una que no existe.

Si algo llegaras a necesitar en la vida, el Creador ya hizo provisión para suplir dicha necesidad de antemano. Mira a tu alrededor y contempla lo que tienes a tu alcance, en lugar de preocuparte por aquellas cosas que anhelas. Lo que posees es tu punto de partida, y lo que anhelas representa la meta o llegada. Recuerda, el punto de llegada sirve de inspiración y enfoque; aunque también podría convertirse en una gran tortura si te enfocaras demasiado en lo que no posees, corriendo el peligro de entrar en un terreno negativo.

MENOS QUE CERO

Una existencia ubicada en el lado positivo de la vida implica asimismo valorar nuestro punto de partida, el cero. En el mundo de los números reales el cero no es el número desprovisto de valor. Existe una infinita cantidad de números negativos, lo mismo que de números positivos. Bueno, permíteme explicar un poco mejor este concepto. Imagina que posees $2 y que necesitas comprar un artículo que cuesta precisamente $2. Luego de pagar tu compra te quedas sin dinero, con $0. Ahora bien, si tuvieras $2 y el artículo cuesta $5, quizá tendrías que tomar prestado $3; o pagar $2, y financiar los $3 restantes. Al final quedarías con un balance negativo de $3. Siguiendo el mismo razonamiento, podrías incluso ahorrar un millón de dólares, o tener deudas por la misma suma. Viéndolo de una manera lineal, lo que no tienes es lo que está a la izquierda del cero, lo que posees está a su derecha.

Una existencia ubicada en el lado positivo de la vida implica asimismo valorar nuestro punto de partida. Del mundo de los números abstractos se desprende una gran enseñanza: debemos aprender a vivir en el lado positivo de la existencia.

"Una existencia ubicada en el lado positivo de la vida implica asimismo valorar nuestro punto de partida".

Las herramientas o recursos que poseemos nos ayudarán a alcanzar nuestros objetivos y metas, y de ellas nuestro más preciado tesoro es precisamente la vida que es un don divino. Otro de nuestros mayores tesoros son nuestros padres, seguidos de nuestros cónyuges, hijos y amigos.

Amigo, el hecho de que estés leyendo este libro significa que tienes una ventaja sobre muchos que no pueden hacerlo. Por ejemplo, hay miles de personas no videntes que incluso estudian y que a través de un prolongado esfuerzo llegan a convertirse en profesionales exitosos; mientras que por otro lado, miles y quizás millones de videntes son analfabetos. Tal vez hayas escuchado o leído acerca de todo lo que logró Helen Keller una joven ciega, y que asimismo Beethoven tuvo que luchar con la sordera. Ellos aprendieron a maximizar los recursos que tenían, en lugar de lamentarse por aquellos que no disfrutaban.

Las cosas que no tenemos o que poseemos de manera limitada no siempre son una desventaja. En los Estados Unidos la obesidad, especialmente la obesidad infantil, se ha convertido en un problema nacional que según los especialistas puede ser causa de la diabetes prematura, de problemas cardíacos y de los problemas de aceptación y autoestima que afectan a cientos de miles de niños y adolescentes. Por otro lado, en los países subdesarrollados, donde los niños ingieren porciones reducidas de alimentos debido a la situación económica y la escasez de recursos, encontramos menores incidencias de estos males.

Así que al iniciar tu jornada en busca del éxito, recuerda ubicarte en el lado positivo. Si tus metas son de índole económica, o están ubicadas en el mundo de los negocios, en lo personal o en el ámbito espiritual, recuerda que el punto de partida está representado por el cero y que de allí en adelante debes avanzar siempre hacia la meta: hacia tu infinito.

NADAR EN CONTRA DE LA CORRIENTE

A la edad de once años, inspirado por una visita a Canadá, tomé la decisión de que un día iría a vivir a un país desarrollado. Entre las principales opciones se encontraban Canadá, Estados Unidos, España y

Japón en ese mismo orden. Toda decisión que tomamos en la vida, es desafiada por circunstancias adversas que yo llamo "nadar en contra de la corriente".

Los desafíos no se dejaron esperar, a simple vista tres de esos cuatro países presentaban una gran barrera llamada el *idioma*. Además, el proceso de emigrar a otro país en sí mismo conlleva muchos desafíos. Por lo tanto, lo más prudente para mí habría sido desistir y resignarme, aceptando la realidad de mi vida.

Debo confesar que por mucho tiempo puse a un lado mis sueños de viajar, estudiar y vivir en uno de aquellos países del primer mundo. Es natural que nosotros evitemos los desafíos. Cualquier río se encauza por el terreno que le ofrece menos resistencia. El animal depredador corre tras la presa más débil. El árbol se quiebra por la parte más frágil y el ser humano se acomoda a las cosas manejables y evita aquellas que requieren sacrificio y esfuerzo.

Yo me propuse ser la excepción a dicha norma de la naturaleza, y por tanto a lo largo de mi vida he tenido que aprender a nadar en contra de la corriente. Descubrí que en la búsqueda hay tanta satisfacción como en el descubrimiento y que el trofeo que se recibe al final del partido, se gana en cada jugada. Sí, he tenido que aprender a desterrar los pensamientos negativos de incredulidad y de duda.

Si nos hubiéramos apoyado en las estadísticas habríamos predicho que mis metas estaban destinadas al fracaso. Obtener una visa para emigrar, o para estudiar en los Estados Unidos por lo general es algo asequible a personas que tienen familiares cercanos en dicho país. De igual manera se necesitan amplios recursos económicos de los que yo carecía.

"Por la fe Abraham... obedeció y salió sin saber a dónde iba".

Hebreos 11

Mi amigo, para mantenerte en la carrera hacia el éxito debes poner en práctica una actitud positiva. Contemplar la meta como si ya la tuvieras a tu alcance; visualizarla y disfrutarla a distancia. Familiarízate con lo que quieres lograr en tu vida. Aprende a escuchar a los demás, aunque llegando a tus propias conclusiones. Aprende de los errores y experiencias ajenas, pero escribe tu propia historia. No te detengas. El ascenso puede ser doloroso, pero al llegar a la cima recordarás con satisfacción el esfuerzo y el sacrificio que has hecho para llegar hasta allí.

Ahora bien, no es mi intención que te quedes

inmóvil en el cero. De hecho, la mayor parte de la gente permanece estancada en el punto de partida. Las promesas y las resoluciones de año nuevo apenas pasan del mes de febrero. ¿Cuál debería entonces ser la actitud correcta?

Imagina que hoy es ayer y que mañana es hoy, como si pudieras olvidar todo lo vivido y empezar de nuevo. Observa la naturaleza; toda ella muestra innumerables ciclos. El sol sale y se oculta, la lluvia se evapora y luego brilla el sol, las estaciones cambian año tras año y todo con un propósito. Aprende también de aquellos ciclos naturales que impactan tu cuerpo: sientes sed y la sacias tomando una bebida refrescante; comes, te ejercitas y duermes y al siguiente día necesitas reponer tus energías, así que repites el ciclo. Muy parecidas son nuestras metas. La alegría de los pequeños logros es un sencillo estímulo para proseguir hacia el objetivo final. No obstante, cada pequeño logro puede ser motivo para una gran celebración. Empieza hoy a celebrar tus logros y prepárate para comenzar de nuevo, el día de mañana.

VOLVER A COMENZAR

Autor desconocido

No importa cuántas veces te caíste

si cada vez te volviste a levantar;

el éxito en la vida no consiste

en la prisa de correr, sino en llegar.

No importa si perdiste una partida,

acepta que ganaste en experiencia;

la lucha en la carrera de la vida

no es de rapidez, sino de resistencia.

No importa dónde, cómo, ni por qué;

ten, en medio del error ya cometido,

la grandeza de decir: "me equivoqué"

Si caíste estando a punto de llegar,

ten el miedo de darte por vencido,

y el valor de volver a comenzar.

¡SÍ, SE PUEDE!

Haz una lista de las personas que han alcanzado metas parecidas a las que te propones lograr. Escribe cómo lo lograron. Si tus metas no han sido logradas anteriormente, escribe por qué quieres ser el primero en alcanzarlas.

_____

_____

_____

_____

_____

_____

CAPÍTULO 3

VALOR RELATIVO Y VALOR ABSOLUTO

*"La persona feliz jamás se afana por poseer mucho,
disfruta plenamente de lo que tiene, en calidad no en cantidad".*

Bernabé Tierno

La regla por la que nos medimos determina en gran medida la actitud que tendremos respecto a los resultados obtenidos. En un famoso poema del escritor norteamericano Max Ehrmann, titulado "Desiderata", leemos lo siguiente:

"Si te comparas con los demás, te volverás vano y amargado porque siempre habrá personas más grandes o más pequeñas que tú".

A diario vemos como muchos, especialmente los jóvenes, se miden en la escala de los ídolos del deporte, del cine, de los medios de comunicación o las redes sociales. Cada día los jóvenes son estimulados a verse como alguien que únicamente por su aspecto físico es admirado por los demás. Pero este mal impulso no solo afecta a los jóvenes. ¿Qué diremos de las telenovelas y películas que incitan entre otras cosas a la infidelidad conyugal, o de aquellos matrimonios que constantemente se miden y comparan con parejas que son aparentemente felices y exitosas? Es indudable que todos nos vemos, en mayor o en menor medida, afectados por la presión social de modelos impuestos por la sociedad en que vivimos.

Los publicistas intentan crear necesidades y hacer de sus productos la solución perfecta a las mismas, aprovechándose en algunos casos de la falta de identidad en jóvenes y adultos. Podría ser una bebida, un calzado deportivo o un automóvil; el común denominador es muchas veces uno de esos mencionados modelos.

Hay un consejo que podría ayudarnos a resolver los problemas de falta de identidad, de anorexia, de bulimia y de baja estima; así como a enfrentar otros tantos desequilibrios emocionales que abundan nuestra época. Debemos cambiar la regla o escala que utilizamos para medirlos. El modelo ideal no es el astro del deporte con sus bíceps y pectorales altamente desarrollados; o la bella chica de la portada de una revista, con sus curvas delineadas, un gran busto y un abdomen plano. El modelo ideal es Dios. Sí mi querido amigo; fuiste hecho a la imagen de Dios, y por lo tanto debes reflejar su imagen. Acéptate y valórate según eres: con todas tus virtudes y atributos.

"Y creó Dios al hombre a su imagen, a imagen de Dios lo creó; varón y hembra los creó".

Génesis 1

Definitivamente todos tenemos hábitos y costumbres que podemos y debemos mejorar; pero, ¿qué regla vamos a utilizar para medir el progreso hacia una meta o propósito? La respuesta es: tú mismo ¿Quieres disfrutar de mejor salud? ¿Necesitas bajar de peso? ¿Quieres aumentar tus ingresos o mejorar tus calificaciones? ¿Te gustaría encontrar el compañero o la compañera para el resto de tu vida? Si es así, toma conciencia de tu situación actual y utilízala como punto de partida (el cero), y luego fija tus metas y ambiciones como el lugar de llegada (el infinito).

Decide hoy ser mejor en los negocios, en tu apariencia física, en tus estudios, en tus relaciones, y en todo aquello que forme parte de tu vida. Decide hoy mismo que eliminarás todo mal hábito. Algo que incluso podrías eliminar es el consumo de bebidas gaseosas, algo que entre otras cosas te evitaría añadir unas cuantas libras de sobrepeso. Si asistes a la escuela, o a la universidad, dedica quince minutos adicionales a la matemática o a cualquier otra materia y tendrás más oportunidades de mejorar tus calificaciones. Dedica tiempo a tu esposa e hijos y tendrás un mejor hogar. La lista de acciones, será proporcional a los resultados. Entrega todo tu potencial, lucha con todas tus fuerzas, entrégate totalmente y verás los resultados. No te compares con el que está a tu lado porque tú eres un ser único y especial. El Creador te hizo diferente a todos para que tengas tu propia identidad. No necesitas ser como nadie. Fuiste creado a la imagen de un ser perfecto, por lo tanto sé tú también perfecto y desarrolla tu mayor potencial. Atrévete a ser feliz y disfruta lo que tienes ahora mismo. Reflexiona en las siguientes declaraciones:

"El que retiene algo que no necesita es igual a un ladrón".

Mahatma Gandhi

"No debemos permitir que alguien se aleje de nuestra presencia sin que se sienta mejor y más feliz".

Teresa de Calcuta

En la actualidad, la mayor parte de la gente sostiene la creencia de que mientras más cosas poseen más felices serán. Acudes a algunos establecimientos de comida rápida y te venden una gaseosa que puedes rellenar cuantas veces quieras. Pagas un precio moderado y puedes comer cuanto desees en algunos restaurantes del tipo *buffet*. Alquilas un automóvil y es probable que incluya un kilometraje ilimitado.

"Las personas no valen por lo que poseen sino por lo que son.
Recuerdas que eres la expresión de lo infinito,
la misma imagen del Creador".

También encontrarás sin mucho esfuerzo, planes de teléfonos de voz y datos sin límites. Si ya captaste la idea vale la pena que reflexiones en lo siguiente: ¿de qué me sirve la gaseosa ilimitada cuando mi estómago tiene límite? ¿Cuál es la suma total de los minutos que podría utilizar en mi servicio telefónico? Las respuestas a estas preguntas pueden ser irrelevantes pero una cosa debemos tener presente: la abundancia únicamente aporta una felicidad relativa, y la satisfacción es inversamente proporcional a la necesidad.

Permíteme explicarlo: imagina que acabas de correr un maratón y llegas a la recta final jadeante y sediento, y tus amigos te entregan tres botellas de agua. La primera la bebes como si fuera la gota de lluvia que cae después de una gran sequía. La segunda la tomas más despacio mientras repasas con tus colegas las dificultades de la carrera, y de la tercera quizás no llegues a beber ni siquiera la mitad. ¿Qué sucedió? La necesidad de agua disminuía a medida que saciabas tu sed. Esto explica por qué algunas personas que tienen una gran fortuna, fama, autos, relaciones amorosas se cansan, y en su búsqueda desenfrenada de placer se atreven a cambiar todo lo que a ellos no les sirve para nada, por algo que aparentemente no vale la pena.

EL VALOR ABSOLUTO

En matemática, el valor absoluto de un número real es su valor numérico sin tomar en cuenta su signo, que podría ser positivo (+), o negativo (-).

Si aplicamos la definición de valor absoluto a nuestras vidas, encontraremos que su verdadero valor depende más de lo que somos que de las referencias utilizadas por aquellos que nos miden. Hace unos años escuché unos versos del famoso poeta Rubén Darío que considero muy apropiados, ya que se referían a ese concepto del valor absoluto:

> *"Puede una gota de lodo*
> *sobre un diamante caer;*
> *puede también de ese modo*
> *su fulgor oscurecer.*
> *Pero aunque el diamante todo*
> *se encuentre de fango lleno,*
> *el valor que lo hace bueno*
> *no perderá ni un instante,*

y ha de ser siempre diamante
por más que lo manche el cieno".

La cantidad de dígitos en tu cuenta bancaria, las medidas de tu cadera, el largo de tu pelo, o el color de tu piel son parte íntegra de tu personalidad. Pero equiparar el valor de una persona con su posición social, con su físico, o con su profesión es un error en el que se cae muy a menudo.

Los seres humanos comparten rasgos relacionados con algunos aspectos de su cuerpo: con el tronco, con las extremidades, así como con su constitución física. Por otro lado, aunque la capacidad de razonar y para tomar decisiones nos distinguen de otras criaturas; la identidad personal y la individualidad de nuestro carácter nos ayudan a ser seres únicos.

"Eres un diamante especial en la colección de joyas del Creador".

Eres un diamante especial en la colección de joyas del Creador. Tu brillo incluso sobrepuja el brillo del sol a plena luz del día. Sí, puede ser que los demás no aprecien tu verdadero valor porque te escondes detrás del "lodo" del maquillaje, de las prendas de vestir, o de las modas contemporáneas. Algunos opacan el brillo de sus mentes o de sus almas con vicios, como el alcohol o fármacos que nublan y manchan sus vidas. Aquel que no reconoce su verdadero valor como individuo, su valor absoluto, puede sufrir fácilmente de una falta de *identidad*. Y es que el valor de una persona no depende de factores externos o de valores relativos como títulos, amistades, posesiones o etiquetas sociales a las que estamos acondicionados por el medio que nos rodea.

Una de mis historias favoritas es la que se refiere a un gran ejecutivo de la antigüedad. La misma se encuentra en las Sagradas Escrituras en el libro de Génesis, capítulo 37. José era un joven que conocía su verdadero valor como individuo. Fue vendido por sus hermanos como esclavo y llegó a administrar los bienes de su amo en un país lejano. Años después, por circunstancias de la vida, fue echado a la cárcel por un delito que no cometió. A pesar de sus circunstancias, José continuó siendo un fiel mayordomo, ahora en la prisión donde estaba. Un día la oportunidad se dio cara a cara con la preparación, y el joven inmigrante pasó a ocupar el puesto que nobles, personalidades, ingenieros y ciudadanos habían esperado que el faraón gobernante les concediera. Los títulos no pudieron opacar el brillo de la devoción, de la excelencia y de la dedicación de alguien que desde su niñez había sido un buen administrador de los bienes que sus padres le habían confiado. No me refiero tan solo a su integridad como celador del ganado de sus padres, sino también al hecho de que José supo reconocer que el verdadero valor de un individuo no es tan solo aquel que ha sido determinado por las circunstancias que lo rodean.

Mírate al espejo, ¿qué ves? No me refiero a tu apariencia. ¿Qué ves? Mira a lo profundo a tus ojos. ¿Qué ves? No me refiero al color, tampoco a su tamaño. Mira por la ventana de tu alma: tus ojos y llega hasta lo más profundo, ¿qué ves? La respuesta a esta pregunta es tu valor absoluto porque el rostro es el espejo del alma. El verdadero valor que posees trasciende lo físico: el color, tamaño y forma son tan solo la envoltura. La esencia de quién eres, la llevas por dentro, en tu corazón. Por eso es necesario siempre buscar la belleza interior, pues esta no puede ser alterada por los factores externos que normalmente afectan nuestra apariencia física. Por el contrario, con el pasar de los años la belleza interior se consolida y como una dulce fragancia no se podrá esconder, sino que llegará a todos los que nos rodean.

¿Y si aún no estás donde deseas? ¡No te desesperes! Lo importante es que hasta aquí has perseverado y que continuarás en marcha en la jornada que es parte de una vida finita y efímera hacia una vida infinita y eterna. Lo más importante en este mundo no es dónde estamos, sino en qué dirección marchamos.

COSAS QUE NO CAMBIARÍAS POR DINERO

Haz una lista de tus atributos y características que consideras son de valor para ti. ¿Qué habilidades, talentos o dones te conceden valor absoluto? ¿Cómo podrías emplearlos para lograr tus metas?

_____

_____

_____

_____

_____

_____

_____

CAPÍTULO 4

RESTA: ELIMINADO LOS OBSTÁCULOS

"Los obstáculos no son más que un condimento del triunfo".

Mark Twain

Los límites son parte de la matemática y de igual manera forman parte integral de nuestra existencia finita. Hay dos ejemplos comunes de la vida cotidiana que se refieren a obedecer límites: uno se relaciona a viajar por una autopista y el otro es nuestra cuenta bancaria. Los límites, barreras o normas, pueden ayudar a que nos mantengamos en el camino correcto, aunque en ocasiones son mal interpretados por muchas personas, especialmente por los más jóvenes. Por eso hay que establecer diferencias entre un límite y un obstáculo.

En toda jornada de la vida se presentan obstáculos a lo largo del camino. Los mismos son parte del diario vivir. Conozco a jóvenes meritorios que no pueden asistir a la universidad por razones económicas, otros a causa de su situación migratoria y algunos por la simple razón de que no sienten el deseo de obtener un título. Si acaso encuentras una baranda de seguridad en alguna carretera, la misma también es un límite. Ahora bien, si mientras manejas llegas a una intersección bloqueada por un accidente eso representa un obstáculo que no te permitirá avanzar. Los límites nos ayudan a mantenernos enfocados en una meta; los obstáculos nos impiden avanzar.

LOS LÍMITES

"Todo me es lícito, más no todo conviene: todo me es lícito, más no todo edifica". San Pablo

Tengo que admitir que los límites no son un elemento del todo agradable, pero están allí por nuestro bien. Prácticamente todo estado o país limita la cantidad de alcohol que sus ciudadanos pueden consumir, con la idea de que no pongan sus vidas, o la de los demás, en peligro mientras conducen. También las autoridades pueden asignar una velocidad específica a determinado tramo de una vía. Un límite también lo puede fijar un padre preocupado, al señalar la hora de regreso a casa para sus hijos adolescentes. Todos ellos son ejemplos de límites. Una tarea importante en nuestra jornada hacia el triunfo es aprender a usar los límites para que obren en nuestro favor.

Los límites pueden ser tus aliados. No obedecerlos puede acarrear consecuencias desastrosas que van desde perder la confianza de los padres, hasta causar pérdidas de vidas. Ahora bien, dichas normas o limitantes, podrían también convertirse en un enemigo si se aplican de manera errónea o mal intencionada. Hay una gran diferencia entre un límite que procura proteger y un límite que está diseñado para manipular y abusar de los demás.

Hay límites establecidos por aquellos que no necesariamente buscan nuestro bienestar, sino imponer sus ideas utilizando la fuerza o el engaño. Ese tipo de barreras tienen como objetivo esclavizar y restringir, y por tanto son algo finito.

¿Te sientes apresado o coartado por una situación adversa en tu vida? Mientras lees este libro, ¿acaso estás sufriendo la consecuencia de un error que te ha llevado a perder tu libertad? ¿Te sientes víctima de una relación asfixiante, llena de límites y de reglas impuestas por un abuso de poder? Quiero decirte que hay esperanza de libertad para ti.

"... y conoceréis la verdad, y la verdad os hará libres".

Hay un lugar donde nadie puede establecer límites y el mismo es tu mente. Nuestra mente tiene un potencial ilimitado ya que puede llegar muy alto, al mismo trono de Dios; y tan profundo como al fondo de tu alma. Pero muchas veces la mayor parte de ese potencial permanece encerrado. Puede estar preso detrás de fuertes barrotes de temores, frustración, prejuicios, mediocridad y falta de perseverancia.

"Nuestra mente tiene un potencial ilimitado ya que puede llegar muy alto, al mismo trono de Dios; y tan profundo como al fondo de tu alma".

La buena noticia es que tienes el control de tu mente y que puedes elegir ser libre de toda barrera o límite autoimpuesto que quizá no te permite desarrollar tu máximo potencial. Libera tu mente ahora mismo y deja atrás todo desánimo y mal pensamiento. Permite que tu imaginación se eleve hasta el mismo trono de Dios y que se detenga allí hasta descubrir cuál es el tesoro más preciado que debes buscar en el fondo de tu alma.

LOS OBSTÁCULOS

"¡Aléjate de mí, Satanás! Quieres hacerme tropezar".
Jesús, dirigiéndose a su discípulo San Pedro

Cuando decides alcanzar una meta en la vida, hay

algo que nunca va a faltar en tu camino: se llaman *obstáculos*. Aquellos que la vida nos presenta tienen diversos nombres, tamaños, orígenes y podrían incluso venir de diferentes direcciones. Lo más importante es que aprendamos a reconocer los obstáculos con el propósito de superarlos. Un refrán muy antiguo dice que "guerra avisada no mata soldado". Por eso, cuanto antes te prepares mentalmente para aceptar cualquier obstáculo, mejor equipado estarás para enfrentarlos y superarlos.

La mejor manera de identificar un obstáculo es poseer una meta definida. Cuando visualices tu futuro y conozcas con claridad tu misión en la vida, toda desviación del camino será claramente identificada y estarás en capacidad de evadir cualquier obstáculo. Aquí está uno de los secretos más poderosos que te ayudarán a alcanzar el éxito: ¡Aparta todo tropiezo de tu vida!

Años atrás cuando decidí emigrar a los Estados Unidos, pude ver cómo este principio se hizo una realidad en mi vida. Mis metas eran claras y definidas, pero los obstáculos no se hicieron esperar.

En casi todas las grandes ciudades norteamericanas viven personas que al no estar en capacidad de ejercer sus carreras profesionales, se dedican a tareas que no les satisfacen ni económica ni emocionalmente. Muchos abogados trabajan como conductores de autobuses; ingenieros civiles laboran como camareros; hay arquitectos que limpian oficinas. Asimismo, doctores en medicina, dentistas, maestros, comunicadores sociales, en fin, una gran variedad de profesionales de diversos países, que emigra cada año a Estados Unidos y que no ejercen sus carreras. Muchos se ven obligados a cambiar sus profesiones por oficios que, aunque honrados y dignos, distan de aquello para lo que se capacitaron y estudiaron por mucho tiempo.

Mi experiencia no fue la excepción. Llegué a Estados Unidos pocos meses después de la caída de las torres gemelas de la ciudad de Nueva York. Los obstáculos eran innumerables. Estados Unidos se aprestaba a librar guerras en varios países. La atmósfera de inseguridad y temor en las calles representaban una gran barrera para obtener empleo. Además, me encontraba en un nuevo ambiente y luchaba por aprender el idioma. Como si todo eso fuera poco, la cultura y el clima se sumaban al problema del desempleo.

MI PRIMER EMPLEO EN LOS ESTADOS UNIDOS

La venta de un automóvil y de otras posesiones me ayudaron a reunir una cantidad de dinero moderada que esperaba me permitiría sobrevivir unos tres meses en aquel nuevo país de residencia. Pero la conversión de una moneda extranjera al dólar no siempre es ventajosa, así que mucho antes de lo anticipado me vi en la necesidad de encontrar un empleo.

Gracias a un amigo de infancia, a quien considero un hermano, conseguí un trabajo en un lujoso restaurante italiano en el mismo centro de la ciudad de Nueva York. Las propinas eran la mejor parte del puesto, pero lamentablemente aquella buena fortuna duró apenas unos tres meses. Decidido a no dejarme vencer por los obstáculos, conseguí trabajo en otro restaurante. Pero fui despedido al final de mi primer día. Era cerca de la media noche cuando con una sonrisa de incredulidad alcé mis brazos al cielo bajo una tenue llovizna que se evaporaba antes de llegar al pavimento. En aquel momento exclamé mirando al cielo: "¿Qué voy a hacer ahora?"

¿Qué hacer cuando encuentras un obstáculo? ¡Elimínalo! Esta es una respuesta breve y precisa. Si la vida te lanza una pelota a gran velocidad ¡lo mejor será batearla! No importa cuál sea tu meta: graduarte de la secundaria, ahorrar para casarte, comprar un auto, conseguir pareja, o ahorrar para tus vacaciones soñadas. Recuerda: lo mejor será eliminar los obstáculos que te separan de tu meta.

LA RESTA

"A veces es más difícil eliminar un solo defecto que adquirir cien virtudes". Jean de la Bruyere

La resta o sustracción es una de las cuatro operaciones básicas de la aritmética. La misma consiste en eliminar una parte de determinada cantidad. El resultado de dicha operación se conoce como diferencia o resta. Por ejemplo:

$$100 - 90 = 10$$
$$100 = \text{Minuendo}$$
$$90 = \text{Sustraendo}$$
$$10 = \text{Diferencia}$$

Del mundo de la matemática aprendemos acerca de la resta, que como su nombre lo indica tiene que ver con eliminar. Si aplicamos el principio de la resta a los obstáculos que nos impiden alcanzar nuestras metas, obtendremos al final lo que se llama diferencia. A continuación tenemos un pequeño esquema matemático y aplicable a la vida:

Minuendo	Sustraendo	Diferencia
Estudiante	Fiestas de fin de semana	Aprobar todas sus asignaturas
Señorita	Comida chatarra	Peso ideal
Joven	Drogas	Libertad

La resta no es mi operación matemática preferida porque me gusta pensar en un aumento, en una suma y abundancia. Sin embargo, hay una característica de la resta que la ha convertido en parte fundamental de mi repertorio de herramientas para alcanzar el éxito. La resta siempre tiene un elemento llamado diferencia.

El objetivo número uno de la resta es establecer una diferencia. Si aplicas ese principio a tu vida te darás cuenta de que las personas no triunfan porque quieren ser diferentes, sino porque son diferentes. Hace años escuché a alguien decir que la mayoría de la gente trabaja en el horario normal de oficina de 9 a 5 de la tarde, pero los que aprenden a ir en contra de la corriente, lo hacen de 5 de la mañana a 9 de la noche. Estos últimos son los que siempre alcanzarán su máximo potencial y los que luego han de ocupar los puestos gerenciales.

Así que hoy te desafío a ver el mundo desde otro ángulo, a usar tu imaginación, a cambiar paradigmas y a conquistar el mundo. Marca tú la diferencia dondequiera que estés: en la escuela, en el trabajo, en tu hogar. Asegúrate de que lo que tienes que ofrecer va más allá de lo que se esperaba de ti.

Luego de haber sido despedido de aquel restaurante mexicano donde estuve solamente un día, mi situación era la misma que la de millones de inmigrantes: un profesional más en las calles de Manhattan, destinado a ocupar oficios reservados para los que no conocen el idioma inglés, que no poseen una profesión, o un certificado académico válido en Estados Unidos. Me detuve por un minuto bajo la lluvia que se observaba entre las luces y me hice una promesa: "¡Yo voy a ser diferente!"

"Si ya sabes lo que tienes que hacer y no lo haces, entonces estás peor que antes".

Confucio

COSAS QUE NECESITO ELIMINAR

Haz una lista de amistades, hábitos o cosas que necesitas eliminar de tu vida. Incluye todo lo que se interponga en el camino que te llevará a alcanzar tus sueños.

_____

_____

_____

_____

_____

_____

_____

_____

Capítulo 5

EL SIGNO: UN CAMBIO DE DIRECCIÓN

*"Las personas cambian cuando se dan cuenta del potencial que
tienen para cambiar las cosas".*

Paulo Coelho

En la matemática, la palabra *signo* se refiere a la propiedad de una cifra o número relacionada con un valor positivo o negativo. Todos los números enteros distintos de cero son positivos o negativos, y se les adjudica, por tanto, un signo. Lo mismo ocurre con los números racionales o reales, aparte del cero.

Siguiendo el ejemplo de la matemática podríamos decir que el símbolo indica en qué lado del cero te encuentras. Además, es un indicador que muestra si se cambia de dirección en la escala de los números. Cuando pasas de números negativos a positivos el signo cambia, por lo que diríamos que el signo es una *señal* de cambio. De igual manera en nuestra jornada hacia el infinito tendremos que hacer cambios que nos ayuden a evadir obstáculos sin desviarnos de la meta anhelada (el infinito).

"La locura es hacer la misma cosa una y otra vez esperando obtener diferentes resultados".
Albert Einstein

Decidir que vamos a cambiar y a romper el círculo vicioso que nos separa de nuestros sueños es sin dudas algo maravilloso, pero a menos que nos dispongamos a actuar, nuestros sueños jamás se volverán realidad. La verdad es que los grandes triunfadores que admiramos nunca alcanzaron sus metas por azar.

El trabajo arduo y constante es lo que hace que los campeones lleguen a coronarse. No puedes aumentar tus bíceps en la primera visita al gimnasio; tampoco lograrás bajar de talla después de una sesión de ejercicios aeróbicos.

Michael Fred Phelps nació el 30 de junio de 1985 en Maryland, Estados Unidos. Phelps comenzó a nadar desde niño y para el año 2008, en las Olimpiadas de Beijing, ya era una figura conocida alrededor del mundo. Michael Phelps ganó veintidós medallas en su carrera profesional, estableciendo nuevas marcas de natación. ¿A qué se debió el gran éxito de Michael Phelps? Obedeció a su gran ética de trabajo. Para él, la piscina era su empleo y pasaba tanto tiempo nadando como cualquier ejecutivo que cumple un horario regular. Michael no escatimaba esfuerzos para mejorar sus propias marcas. A eso le llamo una excelente ética de trabajo.

El trabajo no es más que emplear nuestras facultades y habilidades heredadas o adquiridas, para obtener un resultado que será beneficioso para determinada causa. Las empresas contratan la colaboración de sus empleados, que en su gran mayoría están de acuerdo con intercambiar su trabajo por un salario. Pero esa es precisamente la peor motivación: trabajar por dinero. El trabajo debe ser la herramienta que allana nuestro camino hacia el éxito. Medita en esta declaración. El dinero es un simple instrumento empleado para transferir bienes y servicios. Así que si tu único objetivo al trabajar es obtener dinero, actuarás motivado por una causa instrumental, pasajera e inestable sujeta a la inflación, a la pérdida y a muchos otros riegos. Alguien dijo que "el dinero es un buen sirviente, pero muy mal amo".

"La ruta que conduce al éxito no tiene atajos, sino que es una línea recta pavimentada con arduo trabajo y dedicación".

La ruta que conduce al éxito no tiene atajos, sino que es una línea recta pavimentada con arduo trabajo y dedicación. El trabajo es tu mejor amigo. ¿Te atreverías a pedirle ropa, zapatos, comida, albergue o dinero para gastar en placeres a tu mejor amigo? Puede que sí, pero si lo hicieras cada mes o cada semana, pronto perderías la amistad de esa persona. Sin embargo, tu trabajo como un fiel amigo te proporciona la oportunidad de obtener todo lo mencionado anteriormente, sin quejas ni reclamos. El trabajo te provee recursos de manera continua y sin obstáculos, al final de cada semana, quincena o mes.

LA CULTURA DE LA PORTADA DE REVISTA

En el mundo moderno, se nos enseña a juzgar el éxito como si el mismo viniera en la portada de una revista. Las portadas por lo general promocionan la sensualidad, la belleza y el poder de los artistas, modelos y deportistas más destacados del momento. Es difícil apreciar las horas de ensayos que esa persona tuvo que invertir para grabar el disco que lo lanzó a la fama, o cuántos sacrificios tuvo que hacer la modelo para alcanzar sus metas. En la sociedad actual se nos induce a ver el resultado final, pasando por alto el proceso de crecimiento y desarrollo. Toda persona que alcanza el éxito tiene un denominador común que lo ha impulsado hacia la meta desde un punto de partida: se llama *trabajo*.

Después de haber experimentado la decepción de perder mi primer empleo en Estados Unidos, hice la decisión de conseguir uno mejor. Fue entonces cuando me di cuenta de que para hacerlo necesitaba una mejor preparación académica. Reconocí que si deseaba aumentar mis ingresos, debía maximizar mi potencial. Así que me encaminé a una universidad, que por cierto era muy costosa para un extranjero. En la misma el único programa gratuito que pude aprovechar fue un curso de inglés a nivel universitario que duraba unos tres meses.

Antes de venir a los Estados Unidos, había trabajado en un departamento de sistemas de información. Asimismo, laboré para algunas compañías que proveían servicios de redes y de Internet. Antes de mi partida hacia Nueva York, llegué a ser gerente de una empresa proveedora de servicios de Internet de alta velocidad y servicios de negocios en mi país. Yo esperaba encontrar trabajo en mi especialidad profesional. Pero la realidad era otra porque necesitaba sobrevivir y ayudar financieramente a mis padres. Durante los próximos meses no tuve ingresos y recuerdo que clamé a Dios pidiendo una oportunidad y él me escuchó. El pastor de la iglesia que visitaba estaba necesitando a una persona que hiciera la limpieza del patio del templo. El otoño trae consigo muchas hojas y por lo menos dos veces a la semana había que recogerlas. Así que me ofreció el trabajo, que con mucho gusto acepté. Ahora con un trabajo y asistiendo a la universidad me encaminaba hacia el éxito. Al final de los tres meses, concluyó el curso de inglés y las hojas dejaron de caer al patio de la iglesia, así que una vez más me encontré sin trabajo y sin universidad.

"No avanzar, con el tiempo es igual a retroceder".

Alguien me sugirió que ofreciera mis conocimientos de reparación y mantenimiento de computadoras a mis amigos y conocidos. Fue así que comprobé lo poco aconsejable que es no estar actualizado en el mundo de la informática y la tecnología. Para el año 2002, el sistema operativo de Windows había sido reemplazado por una nueva versión y para colmos yo no tenía ninguna experiencia en aquel nuevo sistema.

No avanzar, con el tiempo es igual a retroceder. Me había estancado en mis conocimientos profesionales. En tan solo seis meses desde mi llegada a Estados Unidos todo lo que había aprendido se volvía obsoleto e inconsecuente. Mi situación era difícil: sin empleo ni medios para conseguir uno, con un conjunto de habilidades y conocimientos "en peligro de extinción" y en un país extraño. Estaba lejos de mis amigos y familiares y reconocía que algo necesitaba cambiar. Obtener un trabajo como fuente básica de ingresos y la habilidad de aumentar mi potencial adquisitivo, o sea la capacidad de ganar más dinero eran mis mayores desafíos.

"La acción no debe ser una reacción sino una creación".

Mao Tse-Tung

ACCIONES QUE NECESITO TOMAR

Haz una lista de las relaciones, hábitos y cosas que necesitas incorporar a tu vida.

_____

_____

_____

_____

_____

_____

_____

_____

Capítulo 6

SUMA: AUMENTA TU POTENCIAL

"Sé vereda, si no puedes ser camino.
Sé una tímida estrella, si no puede ser el sol.
No es ser grande la gloria verdadera;
cualquier cosa que seas, sé lo mejor".
Autor desconocido

Hasta ahora en nuestra jornada hacia el infinito hemos visto lo importante que es identificar tu punto de partida (el cero) y así como mantenernos enfocados en nuestras metas (el infinito). De la matemática aprendimos que la suma es el móvil que nos impulsa desde un punto de partida y nos lleva progresivamente hasta el objetivo deseado. La suma es una de mis operaciones matemáticas favoritas porque representa aumento, prosperidad y abundancia. Sin embargo la suma encierra un pequeño problema: el cero. Algunos le llaman el elemento neutro de la suma. ¿Por qué? Porque no importa cuántas veces trates de añadir el cero a tu arsenal, nunca representará un crecimiento.

De igual modo hay muchas personas que tienen un gran interés en aumentar y desarrollar su potencial y se encuentran en un estado de inercia porque no consiguen salir del cero, o simplemente llegan a un estado de estancamiento porque lo que añaden a su arsenal emocional, profesional o espiritual carece de valor alguno.

PASO A PASO

"Grano a grano llena la gallina su buche". Proverbio popular

Una de las muchas cosas que he aprendido desde mi llegada a Estados Unidos es disfrutar de la naturaleza. Por primera vez el cambio de estaciones y de clima tuvo sentido para mí. Conocer las cuatro estaciones del año y vivir las emociones y expectativas de cada una de ellas es una experiencia maravillosa. Cada estación trae consigo sus alegrías y sus desafíos.

PRIMAVERA

La primavera representa alegría; los pajarillos entonan sus cantos, las flores brotan y los árboles reverdecen. Las personas se despojan de sus abrigos pesados y sienten el alivio de un clima frío y severo.

VERANO

El verano, en algunos lugares implica un intenso e insoportable calor, pero también aporta el placer de disfrutar de las playas, piscinas y balnearios públicos.

OTOÑO

El otoño trae consigo un alivio de las altas temperaturas y un ambiente agradable para disfrutar de los parques, atardeceres espectaculares, el cambio de colores de los árboles. Finalmente, estimula cambios en los árboles para que puedan sobrevivir los rigores del invierno.

INVIERNO

El invierno en las regiones más norteñas representa frío y nieve, pero también trae consigo las fogatas y juegos de inviernos así como el indescriptible ambiente de la Navidad.

Parte de mi experiencia profesional podría integrarse a un cambio de estación, en el transcurso de un año.

PRIMERA ESTACIÓN (INVIERNO)

En mi primer invierno aprendí que cada estación lleva implícita la oportunidad de ganar algo de dinero. Aunque ya no había más hojas para recoger, pude continuar trabajando. Ahora limpiaba la nieve de las escalinatas y del estacionamiento de la iglesia. Así que por varios meses más mi fuente de ingresos no se extinguió.

SEGUNDA ESTACIÓN (PRIMAVERA)

Con la llegada de la primavera, también vino a mi vida

un nuevo comienzo. Agradecí profundamente a Dios y al ministro de la iglesia que me empleó durante los meses de invierno y ahora me aventuraba a subir un peldaño más en la escalera de mi vida laboral. La oportunidad se presentó para trabajar como cajero en un supermercado. Allí laboré arduamente durante casi toda la primavera.

TERCERA ESTACIÓN (OTOÑO)

Con la llegada del otoño ya contaba con una licencia comercial que me acreditaba para conducir autobuses escolares. Así que agradecí al gerente por la oportunidad de trabajar en el supermercado y emprendí mi nueva aventura.

CUARTA ESTACIÓN (VERANO)

A medida que aumentaba mi capacidad para mejorar mis ingresos, también se desarrollaba en mí un mayor sentido de confianza y de determinación. Por tanto, después de varios meses, y dejando un crudo invierno atrás, era hora de salir a conquistar el mundo laboral de Nueva York. Para eso me había esforzado durante años con el fin de dominar la ciencia de la información automatizada (ingeniero de redes). Dios me dio el privilegio de trabajar para una compañía de envíos de valores y casa de cambio internacional. Mi salario del cuarto escalón era cuatro veces mayor que cuando me inicié y mi nuevo título profesional era soporte técnico.

Hay muchas personas que se quejan de sus trabajos, pero la gran mayoría de lo que se queja es de los resultados de los mismos. ¿Cómo podía aumentar los frutos de mi trabajo y mejorar mis ingresos? Aquí entra el poder maravilloso de la suma. La respuesta es: aumenta tu potencial. Para eso necesitas desarrollar al máximo tus habilidades y conocimientos en tu desempeño laboral, así como esforzarte para llegar a la posición soñada.

EL ESTANCAMIENTO ILUSTRADO

Hace muchos años, cuando aún éramos niños, a mis hermanas y a mí nos encantaba que nuestra madre nos preparara una bebida especial para el desayuno. Se trataba de una mezcla de malta y leche condensada. Con frecuencia las mayores discusiones de nuestra niñez giraban alrededor de a quién le tocaría recibir la lata de la leche condensada vacía. El asunto es que nos encantaba abrir la lata y escurrir hasta la última gotita de leche que quedaba en ella. Cierto día después de una agitada discusión, mi hermana Kenia resultó ser la ganadora. Yo no estaba muy conforme y puedo decir que mi discurso de aceptación ante la derrota fue estallar en llanto.

Mi madre tuvo la gran idea de acabar con el problema de una vez por todas y su solución fue depositar la lata vacía en el recipiente de la basura. Mi hermana con una astucia increíble y sabiendo que no tendría mucho tiempo para abrir aquella lata de leche condensada se aprestó a introducir su pequeña lengua por un huequito de la lata. Tenía sus ojos cerrados, como si estuviera en un éxtasis emocional mientras disfrutaba de las últimas gotas de la lata vacía. De repente los ojos de Kenia se abrieron más grandes que de costumbre y era que su lengua estaba atascada en el orificio de aquella lata vacía. Tras varios minutos y de muchas lágrimas y angustia, mi hermana fue liberada de su apuro, de su estancamiento.

¿QUÉ ES EL ESTANCAMIENTO?

Está definido como "la suspensión o detención de una acción o del desarrollo de un proceso". Al obtener el empleo que anhelaba en el campo de la informática en el mismo corazón de Nueva York, pensé que mi desarrollo sería sostenido y vertiginoso. Sin embargo, me di cuenta que esa no sería mi suerte. Mis ingresos apenas igualaban mis gastos y mis deseos de volver a estudiar y adelantar en mi carrera profesional estaban frenados por el elevado costo de los estudios para los alumnos extranjeros. Como si todo eso fuera poco, me sentía como si estuviera en una carrera en contra del reloj. Sin dudas se empezaba a notar que en mi vida profesional había un *estancamiento*.

LA PROVISIÓN DIVINA

Al cabo de once meses, la compañía donde prestaba servicios fue reubicada y con la mudanza también desapareció mi puesto de soporte técnico. Una vez más me encontraba de vuelta al cero.

Pasaron los días y me sentía muy confiado que conseguiría trabajo en mi especialidad, en el campo de la informática. Pero mis ilusiones se fueron transformando en angustias y luego en desesperación. Recuerdo una ocasión cuando caminaba por toda las calles de la ciudad, bajo un frío inclemente, dejando hojas de vida en cada negocio o centro de reparación de computadoras que encontraba a mi paso.

¿Recuerdas el ministro del cual te hablé anteriormente, aquel que se convirtió en mi primer empleador? Una vez más fue mi ángel de la guarda. Al enterarse de que estaba sin empleo pensó en recomendarme a la librería en la que él había trabajado años atrás, a su llegada a Nueva York. La posición disponible era de servicio al cliente. El mismo día que fui a la entrevista me ofrecieron el trabajo y aunque mis ingresos eran prácticamente la mitad de lo que ganaba en mi anterior posición como técnico de informática, aquella librería llegó a ser la escuela que me prepararía para la vida laboral en Estados Unidos.

LA CLAVE PARA AUMENTAR

Lo más importante para aumentar tus ingresos es desearlo de manera genuina y vehemente. Ahora bien, aunque eso sea lo más importante, tampoco es lo único. Además de un deseo profundo e impetuoso, necesitamos un plan de acción para alcanzar dicho objetivo. En mi caso, el deseo estaba en mi corazón; pero, cómo llegar a conseguirlo era la pregunta que me atormentaba.

Mi primer instinto fue empezar a buscar otro trabajo así que mi plan fue el siguiente:

1. Actualizar mi hoja de vida.
2. Crear varias cuentas en sitios de Internet dedicados a búsquedas de trabajo.
3. Correr la voz entre mis amigos y familiares dejándoles saber que estaba en busca de empleo.
4. Revisar con frecuencia la sección de empleos en los anuncios clasificados de periódicos y revistas.

Bueno, ya tenía un gran deseo y un plan. Lo único que faltaba era más dinero en mi cuenta bancaria, así que me senté a esperar que mis planes dieran frutos.

Me gustaría decirte que pude aumentar considerablemente mis ingresos después de poco tiempo de espera. Pero no fue así ya que aquel plan fue un fracaso total. Seis meses después todavía estaba en aquella librería, recibiendo el mismo salario. ¿Qué pasó? ¿Falló mi fórmula? No. Todavía creo que un deseo unido a un plan de acción te llevará al lugar que anhelas llegar. Obviamente el deseo estaba allí, pero si algo falló en esta ecuación tendría que ser el plan.

Por eso me senté a revisar mi plan e inmediatamente encontré el problema. La verdad es que a mi plan le faltaba lo más importante: la preparación académica. La competencia en el mundo laboral se hace cada vez más intensa porque estamos viviendo en la era de la información, cada vez más y más se hace necesaria una buena preparación académica. Así que al darle un nuevo vistazo a mi plan encontré que para conseguir trabajo debía estar mejor preparado que los que competirían conmigo por determinado puesto laboral. Por tanto, mi plan actualizado ahora se veía de la siguiente manera:

1. Actualizar mis conocimientos académicos
2. Actualizar mi currículum.
3. Crear varias cuentas en sitios de Internet dedicados a búsquedas de empleo.
4. Correr la voz entre mis amigos y familiares diciendo que estaba en busca de empleo.
5. Revisar la sección de empleos en los anuncios clasificados en periódicos y revistas

Ahora sí, todo estaba listo para aumentar mis

ingresos porque tenía un deseo intenso y el plan correcto. "Prepárate mundo —dije en mi interior—, aquí vengo a conquistarte".

"La mayoría de las personas son tan felices como se proponen serlo".
Abraham Lincoln

PROPONTE DESARROLLAR TU POTENCIAL

Haz una lista de las cosas que quieres mejorar. No te preocupes todavía respecto a la forma en qué lo lograrás. Únicamente pon por escrito aquellas que deseas alcanzar.

_____

_____

_____

_____

_____

_____

_____

_____

_____

_____

Capítulo 7

DIVISIÓN: DIVIDE Y VENCERÁS

"Empieza haciendo lo necesario, después lo posible y de repente te encontrarás haciendo lo imposible".

San Francisco de Asís

La verdad es que un plan escrito se ve hermosísimo y es hasta inspirador, pero la realidad es que la parte donde muchos jóvenes y adultos fracasan es a la hora de poner sus planes en práctica. Con frecuencia los arquitectos tienen que variar sus planes y diseños al recibir la noticia de parte de los ingenieros de que su propuesta no es estructuralmente segura. En más de una ocasión el diseñador de páginas de Internet ha tenido que cambiar sus planes originales debido a errores en el código de programación. El punto que quiero ilustrar es que podrías tener el deseo intenso, e incluso el plan correcto, pero todo ello quizá no sea suficiente.

Es muy conocido el refrán: "Del dicho al hecho hay mucho trecho". Y en mi caso tuve que aprender que ese trecho viene en diferentes tamaños o medidas.

LAS METAS

Los griegos utilizaban una palabra (μετά) que en nuestros días sería el equivalente a meta y cuyo significado principal era algo que iba más allá del presente; es decir, algo futuro. De igual modo, los romanos utilizaban una palabra parecida, o quizás la misma idea. De dicha raíz se desprenden palabras como metro que indica medida. Si combinamos ambos conceptos podríamos decir que las metas constituyen una forma práctica de medir un acontecimiento que esperamos en el futuro. En otras palabras, una meta tiene que ver tanto con el lugar u objetivo final, como con la trayectoria (medida en tiempo) que debemos recorrer para alcanzar determinado objetivo.

Una operación matemática ilustra cómo el tiempo y las metas están relacionados entre sí. Me refiero a la división. La división se define de la siguiente manera: la división es una "descomposición" que consiste en averiguar cuántas veces un número (divisor) está contenido en otro número (dividendo). El resultado de una división recibe el nombre de cociente.

La división tiene por lo general una connotación negativa porque siempre sugiere la separación de una unidad de otras varias. Claro está, hay aspectos en la vida en que uno no desearía que hubiera esa separación, como en el matrimonio. Sin embargo la división tiene un aspecto muy positivo y posee muchas aplicaciones en el diario vivir. Un proverbio popular dice: "grano a grano se llena la gallina el buche". La principal enseñanza de la división es que puedes realizar una tarea grande, si la divides en acciones más pequeñas.

DIVIDE Y VENCERÁS

¿Alguna vez has escuchado a alguien decir: divide y vencerás? Te aseguro que hay mucha verdad en ese dicho popular. Como vimos anteriormente en la división existen dos factores principales el dividendo y el divisor. De igual manera, en las metas podemos afirmar que hay dos parámetros principales: el *objetivo* y el *tiempo*. Estos dos parámetros deben ir mano a mano para que las metas sean efectivas, por ese motivo las metas deben medirse con relación al tiempo. Las metas se pueden a su vez, dividir en tres grandes categorías: a corto, a mediano y a largo plazo.

METAS A CORTO PLAZO

Una meta a corto plazo es aquella que nos proponemos alcanzar desde el momento en que establecemos un objetivo y con la finalidad de alcanzarlo en un periodo que va de 90 a 180 días. Las metas a corto plazo deben ser parte de una meta a largo plazo. Es tan solo una manera efectiva de cuantificar nuestros logros. Por ejemplo, si tu meta a largo plazo es convertirte en un guitarrista profesional, una meta a corto plazo sería comprar una guitarra. El hecho de tener la guitarra no te hace un guitarrista profesional, pero si dedicas tiempo y esfuerzo, podrías llegar a convertirte en un profesional de la guitarra (alcanzar tu meta a largo plazo).

METAS A MEDIANO PLAZO

Una meta a mediano plazo es aquella que nos servirá de punto de referencia mientras nos esforzamos para alcanzar nuestro objetivo final. El propósito de ese tipo de metas es recordarte que te falta mucho menos que lo que ya has alcanzado, así como motivarte a conseguir aquello que te propones. Un ejemplo de una meta a mediano plazo es graduarte de la escuela secundaria. Sabes que es necesario alcanzar dicha meta antes de ser aceptado en una universidad.

Recuerdo el día de mi graduación de la escuela secundaria en el verano del año 1994. Mi situación económica no me permitió desfilar con mis compañeros de graduación, pero tuve el privilegio de asistir a la graduación como espectador. Graduarme de la secundaria siempre fue mi meta intermedia.

Algún día anhelaba llegar a ser un profesional egresado de una universidad, por eso no me afectó tanto no participar en aquella graduación de secundaria. Yo nunca imaginé que el momento de alcanzar mi meta final llegaría muchos años después.

METAS A LARGO PLAZO

Una meta a largo plazo puede prolongarse por varios años y a veces durante toda una vida. Así como su nombre lo indica es una meta a mayor distancia. La meta de casarme y tener una familia la alcancé a los 28 años de edad. Desfilar en mi graduación universitaria fue algo que logré 14 años después de mi graduación de la secundaria.

En resumen, las metas demandan un enfoque, un esfuerzo y una dirección. No importa si son a corto, a mediano o a largo plazo; las metas deben formar parte de una estrategia que te llevará del cero al infinito.

¡Así que proponte hoy las metas que alcanzarás mañana!

EL CÓNDOR Y EL CARACOL

Autor Anónimo

El vanidoso cóndor se levanta
diciendo al humilde caracol:
¿Ves aquella gran montaña
que es tan alta como el sol?
Es la majestuosa cumbre andina.
Hasta su última y más alta cima
tan solo sube un cóndor como yo.

El caracol que casi no alcanzaba ver
aquella cumbre que el cóndor le enseñó,
Quedóse pensativo y al cabo le expresó:
"Suba su majestad, que yo le sigo y
a la imponente cima también llegaré yo".

Batió el cóndor sus poderosas alas
y al instante en los aires se elevó
posose altiva en la montaña andina
Y el caracol humilde, paso a paso
a la cumbre de los Andes subiría.

Ya el cóndor se encontraba
en el alto caloso do se hallaba,
mas el pobre caracol no se veía.
Pasaron meses, pasaron años
y del pobre caracol no se sabía.

Transcurrió mucho tiempo.
El cóndor volaba por una y otra cima
En una, detúvose cansado,
¡Más cuál no fue su asombro!
Un último esfuerzo el caracol hacía
y a la encumbrada cúspide al fin subía.

Detúvose un momento, en tanto que
con fatigado aliento a su amigo decía:
"¿No os dije que a la cumbre yo llegaba
dónde tan solo un cóndor subía?"
Cortóle el cóndor algo enfurecido:
"¿Cómo has llegado aquí mal atrevido?".

Contestóle el caracol humildemente:
"Señor, he llegado aquí arrastrándome
y subiendo noblemente.
Mira en todo mi cuerpo están marcadas
una por una las rocas del camino.
Subí, perdí el sentido.
Retrocedí todo lo que había subido;
Recobré fuerzas, subí y al fin,
aquí me tienes, compañero.
Tú no eres el señor de las alturas
hay otros que suben a los Andes
arrastrándose sobre las peñas duras
Otros suben, compañero, otros suben".

Una voz de lo alto resonó:
"Bienaventurados los que lloran
los que sufren, los que brincan las paredes
y rompen las redes de los pensamientos
que los tienen prisioneros.
Los que dicen: Es posible,
realizar mi suprema ambición".

Sepan, pues los caracoles,
que esta gloria alcanzada
únicamente tras la lucha se gana.
El luchar es de todas
las victorias, la más noble.
Otros suben, compañeros,
Con perseverancia otros suben.

Os digo como el gasterópodo:
¡Dejad los cóndores subid prestos y airosos
y si cual caracoles tenéis que escalar la cima
no os importen los dolores
ni envidiéis a los cóndores
que subiendo nunca sufren.
vosotros al llegar podréis decirles
"Si tú vuelas, yo me arrastro
pero subo, porque al fin, compañeros
¡todo el que persevera sube!"

"Quien no sabe para dónde va, ya llegó".
Autor desconocido

CONVIRTIENDO TUS SUEÑOS EN METAS

Lee la lista de sueños de la actividad número 1, al final del capítulo 1. Selecciona tu mayor sueño y conviértelo en una meta por escrito. Incluye una fecha en la que desearías alcanzar tus sueños. Incluye hasta el más mínimo detalle y utiliza una página adicional si es necesario.

_____

_____

_____

_____

_____

_____

_____

_____

CAPÍTULO 8

MULTIPLICAR: EL PRIMER MANDATO DE DIOS

"Y los bendijo Dios, y les dijo: fructificad y multiplicaos;
llenad la tierra".
Jehová

Multiplicar es una operación matemática que puede hacer que un número crezca tantas veces como lo indique un factor. Se puede decir que es una suma especial donde un número indica la cantidad a sumar y el otro las veces que se sumará. Pero además de una operación matemática, la multiplicación es un mandato divino. Sí, así como lo leíste. Ese fue el primer mandato que le fue dado a los seres humanos, a nuestros primeros padres Adán y Eva. ¿Cómo podemos aplicar los principios de la multiplicación para alcanzar nuestras metas?

Debemos conocer las leyes que rigen la multiplicación. El aprendizaje de dichas leyes es vital para estar en capacidad de marchar efectivamente y de manera eficiente hacia nuestro infinito. En la matemática del éxito evitaremos multiplicar:

1. Por números negativos
2. Por cero (0)
3. Por uno (1)
4. Por una fracción

LEY DE LA MULTIPLICACIÓN N° 1
Nunca multipliques por números negativos

La multiplicación es como un resorte que puede impulsarte con una fuerza increíble hacia una meta definida, pero que necesita dirección. Si el salto lo das en la dirección incorrecta podrías incluso alejarte mucho de tus metas. Esto es precisamente lo que sucede cuando multiplicas por un número negativo. Por ejemplo:

$$5 \times 4 = 20; \text{ mientras que } 5 \times (-4) = -20$$

¿Notaste el resultado final? Uno de ellos te acerca más a tu meta, mientras que el otro te puede alejar en la misma proporción.

Así es la vida, especialmente cuando se trata de asociarnos con los demás. Relaciónate con personas que te ayuden a acercarte más a tus metas. Interactúa con personas que te ayuden a avanzar y no a retroceder. Aléjate de los que son un estorbo. Puede ser una novia o un novio que tan solo busca tener relaciones íntimas antes del matrimonio. Quizá veas a esa persona como algo positivo en el momento, un compañero que desea avanzar contigo hacia tu meta. ¡Cuidado! La verdad es que todo eso podría ser un signo NEGATIVO: un embarazo no deseado, una enfermedad de transmisión sexual. Una relación de ese tipo, además de muchos posibles escenarios, te podría alejar de tus metas en la misma proporción que te acercarían si estableces un noviazgo con una persona verdaderamente POSITIVA, que te valora por lo que eres y no por lo que puede obtener de ti en determinado momento.

Así que empieza ahora mismo a hacer un inventario de todo lo que te rodea; ya sea personas o cosas, y toma la determinación de eliminar de tu vida todo aquello que consideras negativo. La ley de la multiplicación es sencilla y clara. Si algo tiene un signo negativo, no te ayudará a avanzar, sino que te hará retroceder.

LEY DE LA MULTIPLICACIÓN Nº 2
Nunca multipliques por cero (0)

"Nunca multipliques por cero". Esta es una ley interesante. El objetivo real de la multiplicación es sumar o añadir de una manera sistemática y constante. Sin embargo, cuando se multiplica por cero es como si se perdiera todo lo avanzado. Multiplicar por cero es parecido a un corredor que se adelanta a las instrucciones del juez de la carrera y tiene que volver al punto de partida. O el caso de un hombre que encuentra $100 dólares en la acera y decide jugarlo en la lotería con el objetivo de seguir probando su suerte y así multiplicar su fortuna, solo para descubrir que lo perdió todo. En ambos casos es lo mismo que volver al lugar de partida: al cero.

El cero es un gran punto de referencia en nuestra jornada al infinito, sin embargo no es el lugar al que deseamos regresar una vez que lo hayamos dejado atrás. Procura no tomar decisiones apresuradas y que no tengan una base sólida. Decisiones como casarte o escoger una carrera universitaria implican que deberías consultarlas con Dios en oración, así como con tus padres. Un solo día, una sola decisión basta para enviarte de vuelta al cero. No importa si tu infinito es salir de deudas, o reunir el inicial de un auto antes de llegar a la universidad. Siempre observa la segunda ley de la multiplicación: "jamás multipliques por cero". Nunca lo arriesgues TODO por NADA. Un progreso constante y de riesgo controlado es mejor que los atajos. Recuerda que la carrera hacia el infinito es de *resistencia* y no de rapidez.

LEY DE LA MULTIPLICACIÓN Nº 3
Nunca multipliques por uno (1)

Se dice que "nadie es sabio en su propia opinión". No podremos avanzar en nuestra carrera de la vida si únicamente tomamos en cuenta nuestras propias opiniones. Estar atentos a los consejos ajenos; especialmente a los recibidos de parte de personas mayores, o de aquellos que genuinamente se preocupan por ti, debe ser una de las virtudes que debes desarrollar si deseas alcanzar el éxito.

Nadie "es una isla", sino que todos formamos parte de un continente. Si observas la vida del ser humano, aunque tan solo lo hagas desde el punto de vista biológico, verás que no podríamos subsistir si no funcionamos como una sociedad.

Se requiere mucho cuidado y mucha preocupación para criar un bebé hasta que él pueda valerse por sí mismo. La sabiduría se pasa de generación en generación, a través de las consultas y aportes hechos por los que vivieron antes que nosotros. Hoy podemos disfrutar de inmensos barcos destinados a realizar cruceros, aviones, teléfonos, Internet, satélites, automóviles y teléfonos inteligentes; gracias a los aportes que en el pasado hicieron algunos hombres y mujeres al campo científico. De igual manera en el mundo que te rodea vas a necesitar de la opinión y guía de personas que han pasado por los caminos que un día te tocará recorrer.

En la matemática existe la siguiente regla: "Toda cantidad multiplicada por uno (1), dará como resultado la misma cantidad". No importa si se trata de factores positivos o negativos; cada vez que multipliques por uno, el resultado será la misma cantidad. A esta ley también se le llama el "elemento neutro" de la multiplicación. No importa lo brillante que parezcan nuestras ideas, si no pasan por el filtro de la crítica o reciben el consejo de un tercero, estaremos condenados a no avanzar. La tercera regla de la multiplicación en la matemática del éxito, explica que no podrás adelantar si únicamente confías en tu propia opinión, o en los impulsos de tu corazón. La Biblia dice:

"Engañoso es el corazón más que todas las cosas, y perverso; ¿quién lo conocerá?"

Jeremías 17

Si deseas ser médico, procura colaborar como voluntario en un hospital. Si quieres llegar a ser un representante al congreso, comienza por entender las leyes de tu país. Busca el consejo de aquellos que por su experiencia han vivido más que tú. No tomes algunas decisiones sin consultar a tus padres, hermanos mayores, pastor, o dirigente espiritual. Busca siempre un punto de referencia confiable. Recuerda: "en la multitud de consejos hay sabiduría". No te apoyes tan solo en tu propia opinión. Sé sabio y escucha las recomendaciones de los de más experiencia.

LEY DE LA MULTIPLICACIÓN Nº **4**
Nunca multipliques por una fracción

Cuando multiplicas por una fracción es como si dividieras, y el efecto será contrario a lo que deseas lograr. Es decir, en vez de adelantar retrocedemos; en lugar de ganar perdemos; en vez de aumentar, disminuimos. Por ejemplo:

$$20 \times 2 = 40; \text{ mientras que } 20 \times \tfrac{1}{2} = 10$$

En la segunda parte del ejemplo parecería que el resultado es el contrario de lo deseado. Si observas con detalle verás que el signo es el mismo. La cantidad inicial es la misma, pero el factor perjudicial es la *fracción*.

Una fracción indica que algo está quebrantado o quebrado. La cuarta regla de la matemática nos aconseja que no debemos asociarnos con personas "quebradas" con el objetivo de adelantar hacia nuestras metas (el infinito).

Recuerda, nunca trates de avanzar (multiplicar) al lado de alguien "quebrado" espiritual o moralmente (de corazón, o de principios y valores). Rodéate de personas íntegras y que te ayuden a avanzar en lugar de retroceder.

Observa las leyes de la multiplicación y llegarás de una manera rápida y segura a tu meta. Identifica los factores negativos, evita los ceros, no te apoyes en tu propia opinión y jamás te asocies con gente "quebrada", o en quiebra moral o espiritual. Ahora que tienes en tus manos estas leyes, levántate y sal a conquistar el infinito. Recuerda: multiplicar es el primer mandato divino de aplicación universal.

"Quien no sabe para dónde va, ya llegó".
Autor desconocido

ELIGE UN MENTOR

Elige una persona a quien admires; puede ser tu padre o madre, un familiar cercano, profesor, pastor o líder espiritual. Comparte tus sueños con ellos. Escucha sus consejos. Escribe qué aprendiste en las siguientes líneas.

_____

_____

_____

_____

_____

_____

_____

_____

CAPÍTULO 9

RADICAL: UN CAMBIO DE ACTITUD

"El que puede cambiar sus pensamientos,
puede cambiar su destino".
Stephen Crane

Trabajar en una librería ubicada en el mismo centro de Manhattan fue para mí una experiencia maravillosa. Aprendí a interactuar con los clientes utilizando el idioma inglés. Tuve la oportunidad de leer buenos libros y sobre todo, sentí que más que en un trabajo, me pasaba los días en la biblioteca de mi escuela, compartiendo con amigos acerca de mis libros favoritos y recomendando alimentos sanos a nuestros clientes.

Pero aunque me sentía agradecido por ese trabajo que llegó como respuesta a mis oraciones en uno de los momentos más difíciles de mi vida, pronto empecé a sentir que de no haber algún cambio de dirección, en aquel lugar terminarían mis sueños. ¡No! Mi plan era alcanzar mis metas, llegar al infinito. No podría llegar a mi meta (infinito); es decir, ser un exitoso ingeniero de sistemas en un país desarrollado, mientras continuara organizando cajas de libros en el sótano de un viejo edificio ubicado en Manhattan.

Al evaluar mi situación, me encontraba en el camino que me llevaría precisamente adonde, como un profesional inmigrante, no deseaba terminar. No quería ser como el médico hindú que era taxista en Brooklyn, o el ingeniero ecuatoriano que se conformaba con un trabajo de cajero de supermercado en Queens. El solo hecho de pensarlo me aterraba, y con mayor determinación decidí hacer un cambio y un cambio radical.

RADICAL

Radical (de *raíz*, proviene del latín *radix* o *base*, que afecta a la esencia o los fundamentos; a lo más profundo). Radical en la matemática es una operación muy compleja pero que hoy, gracias a las computadoras y calculadoras portátiles, podemos realizarla con solo pulsar una tecla. Lo que más me interesa resaltar de esta compleja operación matemática es su etimología pues procede de la palabra *raíz*. Cuando mencionamos dicho término es fácil acordarse de las plantas. La raíz en los árboles y plantas es lo que les ayuda mantenerse erguidos y firmes cuando soplan los vientos y huracanes.

Crecí una isla del Caribe y mis padres me cuentan que cuando era apenas un bebé, sobrevivimos a uno de los huracanes más devastadores que azotara aquella región; me refiero al huracán David. Por muchos años me pregunté cómo sería la experiencia de vivir los efectos de un huracán: los vientos, las lluvias, las casas sin techos, los ríos desbordados y por supuesto la pérdida de vidas humanas. Luego, en el año 1998 el huracán George azotó a la isla y ya como adulto pude ser testigo ocular de los efectos devastadores de un huracán. También pude poner en su contexto todos los relatos que mi abuela y mis padres hacían.

Aquel huracán dejó inmensas pérdidas materiales y humanas. Pero hubo algo que me llamó la atención y es que aunque numerosos árboles fueron derribados, muchos de ellos permanecieron en pie. ¿Qué hizo que unos cayeran y que otros se mantuviera en pie?: sus raíces.

Las ramas sin hojas exhibían un cuadro penoso y desesperanzador. Lo que se suponía fuera un paraíso tropical ahora parecía un hospital, o un cementerio de árboles mezclados con cables eléctricos. Pero en medio de todo aquel caos aprendí que no todos los árboles caen cuando llega la tormenta. Muchos se mantuvieron en pie, gracias a la solidez de sus raíces.

"Vivir es como el agua que adopta la forma del recipiente en que se echa. Sé flexible como la rama que se dobla ante el viento y no rígido como el tronco que se quiebra al poner resistencia".

Autor desconocido

La raíz, en las matemática del éxito es el apoyo que te mantendrá firme en medio de los problemas y circunstancias adversas. Toda edificación necesita un cimiento sólido que pueda soportar el peso de la construcción, así como la fuerza de los vientos, o un movimiento sísmico. La profundidad de la raíz y el tipo de terreno donde crece el árbol, o se levanta una construcción, son factores importantes a tener en cuenta antes de sembrar o construir. Asimismo, en la marcha hacia nuestras metas (infinito), cada paso que demos debe ser sólido y firme y llevarnos a un terreno estable. Tomando en cuenta eso mismo y después de analizar mis opciones, decidí hacer lo que más necesitaba para acercarme a mi meta.

EL REGRESO AL AULA DE CLASES

Al no poder costearme la universidad, decidí ingresar a una escuela vocacional para obtener una certificación actualizada aplicable al campo de la informática. El programa era costoso para mis escasos recursos, por lo que endeudarme era mi única opción. Los desafíos eran muchos. Tenía que aprobar catorce rigurosos exámenes en el período de un año, para así estar en capacidad de competir por un puesto en el mercado laboral en mi profesión. Además, debía trabajar y cumplir con mi horario regular de cuarenta horas a la semana.

"Para ser un verdadero campeón es necesario vencer a un digno rival. Si eres el favorito en la pelea no habrá grandes expectativas y algarabía cuando triunfes".

Querido lector que me acompañas en esta jornada hacia el infinito, quiero recordarte que todo lo meritorio conlleva sacrificios. Las recompensas se disfrutan mucho más cuando tenemos que luchar por ellas. Para ser un verdadero campeón es necesario vencer a un digno rival. Si eres el favorito en la pelea no habrá grandes expectativas y algarabía cuando triunfes. Pero si no eres el favorito en la lucha de la vida, si las estadísticas indican que estás destinado a fracasar, entonces es cuando debes probarte a ti mismo y al mundo que tú eres diferente y que los vaticinios no se aplican en tu caso.

No importa que seas hijo de padres divorciados, tú puedes tener un hogar estable, duradero y feliz. Aunque un familiar cercano cumpla una condena en la cárcel, nada te impedirá que seas abogado, oficial de policía o sencillamente un ciudadano modelo. Si las estadísticas dicen que saldrás embarazada antes de los diecisiete años y que abandonarás la escuela secundaria, tú puedes ser la excepción y esperar hasta que te gradúes para formar un hogar y tener tus hijos. Aunque un familiar haya muerto relativamente joven a causa del alcohol, tú puedes vivir una vida sobria y libre de vicios. Recuerda que David no era el favorito en la batalla, pero resultó ser el campeón al vencer a Goliat (1 Samuel 17).

En aquellos días mis desafíos eran grandes. Mi horario laboral era de 9 a 5 de la tarde, y luego de 6 a 10 de la noche, ya que después del trabajo asistía a la escuela vocacional. Los días se convirtieron en semanas y las semanas en meses. Finalmente, al cabo de tres meses estuve listo para tomar el primero de los catorce exámenes que necesitaba para adquirir mis certificaciones.

LA ACTITUD FRENTE AL FRACASO

Llegó el día del examen. "Buena suerte", me dijo la encargada del laboratorio de informática, mientras salía del aula para que pudiera concentrarme en mi tarea.

El examen fue muy detallado y los escenarios eran en su mayoría de la vida real. Todo fue más que suficiente para que yo cayera derrotado en mi primera de muchas batallas. El resultado fue desastroso y reprobé el examen. Las lágrimas brotaron de mis ojos al ver el resultado de aquella prueba. En aquel momento me encontraba en medio de un huracán más poderoso que David y George se llamaba "el huracán del fracaso".

El fracaso es lo contrario del éxito. El fracaso ha hecho que millones de personas abandonen su jornada del cero al infinito. Muchos se quedan estancados en el cero por temor a encontrase con el fracaso, antes de llegar al infinito. Del cero al infinito hay muchos fracasos. Innumerables jóvenes y adultos crecen con un gran temor a fracasar. El temor es un resguardo de preservación colocado en nosotros por el Creador para agudizar nuestro instinto de supervivencia. El temor es asimismo una emoción necesaria para vivir, pero cuando aumenta en forma descontrolada, se convierte en un mecanismo de autodestrucción y en el alimento predilecto del fracaso.

Así es, el fracaso se alimenta de nuestros temores. Conozco jóvenes que saben hablar inglés pero por miedo a que se burlen de su acento no lo practican y por ende no lo perfeccionan. Sé de alumnos que conocen el contenido de determinada materia pero por miedo a hablar en público reprueban, o reciben bajas calificaciones. Es por eso que te desafío hoy a vencer tus temores y a no alimentar más los pensamientos negativos que nutren el sentirte fracasado en la vida.

"Las personas no son recordadas por el número de veces que fracasan, sino por el número de veces que tienen éxito".

Thomas Alva Edison

No obstante, el fracaso posee una debilidad. Si llegas a descubrirla podrás vencerlo utilizando un recurso peculiar: el mismo se llama *perseverancia.* Jamás te considerarás un fracasado si continúas esforzándote. Por ejemplo, tu carrera universitaria toma cuatro años en promedio, pero si eres un alumno a tiempo parcial podría requerir el doble del tiempo para completar tu carrera. Así que aunque tengas siete años de alumno en la facultad de ingeniería, no habrás *fracasado* en tu meta, siempre y cuando *perseveres* y continúes tus estudios. El fracaso no será una derrota hasta que lo aceptes como tal. Mientras luchas por superarte y vencer tus temores y debilidades, no habrás fracasado. Cada paso que des desde el cero al infinito debe recordarte que no has fracasado, sino que continúas avanzando. Una piedra en el camino puede hacerte tropezar y caer; pero si no caes puedes utilizar el impulso para avanzar más rápido.

"Una piedra en el camino puede hacerte tropezar y caer; pero si no caes puedes utilizar el impulso para avanzar más rápido".

Después de reprobar aquel examen, necesitaba un cambio radical. Debía cambiar mi actitud frente al fracaso. El cambio de actitud debía comenzar por una transformación en mis pensamientos y ser expresado en palabras y luego acciones. "No más lágrimas. Es hora de un cambio en el mismo cimiento, es decir en lo más profundo de mi corazón. He perdido una batalla, pero no la guerra".

"Nunca vas a poder cruzar el océano hasta que tengas el coraje de dejar de ver la costa".

Cristóbal Colón

HAZ UN CAMBIO RADICAL

Lee la lista que escribiste en la actividad número 6, al final del capítulo 6, y proponte llevar esa lista al siguiente nivel. Elabora un plan respecto a la forma en que puedes no solo mejorar, sino convertirte en un verdadero experto. Pregunta, investiga, entrevista a personas que hayan logrado lo que tú quieres lograr. Haz un cambio radical.

_____

_____

_____

_____

_____

_____

CAPÍTULO 10

SIMPLIFICAR: CONSIDERANDO LOS PROBLEMAS DESDE OTRA PERSPECTIVA

"De la cuna a la tumba es una escuela, por eso lo que se llama problemas son lecciones".

Facundo Cabral

Hace muchos años escuché una historia que luego he vuelto a escuchar con algunas pequeñas variantes. No sé si es verídica o fruto de la imaginación de alguien. De todos modos, me gustaría compartirla contigo. Supuestamente fue algo que ocurrió frente a un hospital psiquiátrico. Se cuenta que un ingeniero viajaba desde una ciudad a otra cuando de repente su vehículo cayó en un hoyo de la carretera y se le vació una de las llantas. El conductor se bajó del auto y descubrió que no solo había una llanta explotada, sino que también las cuatro tuercas que la fijaban se habían salido con el impacto del accidente. Ahora tenía un gran problema ya que su vehículo contaba con una llanta adicional para emergencias, pero no tenía más tuercas.

Uno de los internos que observaba la situación desde el otro lado de verja le gritó al ingeniero:

— ¡Hermano, yo tengo la solución a su problema!

El recluso insistió diciendo que podría ayudar. Así que el ingeniero para no escuchar lo que consideraba sería una absurda sugerencia le respondió.

—Amigo. Yo soy graduado de ingeniería de la universidad del estado. Gracias por ahora. Después hablamos.

Varios minutos pasaron y el ingeniero todavía no podía resolver el problema en que se encontraba. El joven demente gritó de nuevo desde el otro lado de la verja: ¡Oiga, yo tengo la solución a su problema!

El ingeniero ya molesto y desesperado le contestó:

— ¿Y cuál es la solución a mi problema?

Sin perder tiempo el joven le respondió:

—Su carro tiene cuatro ruedas y cada una tiene cuatro tuercas. Quítele una tuerca a cada rueda y tendrá tres tuercas adicionales. Cada rueda tendrá de ese modo tres tuercas. Luego usted podrá comprar las que le faltan.

El ingeniero asombrado por la habilidad matemática de aquel joven que había sumado las doce tuercas y luego las había dividido entre cuatro, le preguntó: ¿Cómo es que un demente tan hábil para la

matemática puede estar encerrado en este hospital? —
a lo que el joven contestó:

—Hermano, ¡estoy en este hospital por loco, no
por bruto!

En la matemática existe una técnica para resolver
problemas llamada *simplificación*. Por ejemplo es
mucho más fácil ir a la pizzería y ordenar media pizza
que ordenar 4/8 de pizza, o 2/4 de una pizza.

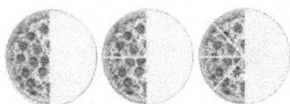

"Si tu problema tiene solución, ¿por qué te preocupas? y si tu
problema no tiene solución ¿por qué te preocupas?"

Proverbio chino

El más lejano recuerdo de la palabra *problema* que
guardo, se remonta a mis estudios de escuela primaria.
Recuerdo que la maestra nos hacía dividir los
problemas en tres categorías o pasos: planteo,
operación y respuesta.

PASOS PARA RESOLVER LOS PROBLEMAS

Planteo: En el primer paso debes plantearte,
visualizar la situación, o situaciones.

Operación: En este segundo paso lo más importante
es elegir qué tipo de operación matemática o fórmula
debo escoger para encontrar la solución del problema.

Respuesta: La respuesta será el resultado de las
decisiones anteriores y puede ser correcta o
incorrecta.

Desde niño aprendí que el tiempo que me tomaba encontrar la respuesta podía variar, dependiendo de la forma en que planteaba el problema. Es decir, dependiendo del punto de vista asumido, la respuesta podía ser muy obvia o más complicada. Se debe tener una mente bien abierta y dispuesta a intentar métodos diferentes para alcanzar tus ideales.

En la matemática del éxito debes aprender a simplificar. En tu jornada personal hacia el infinito es necesario analizar los problemas desde todas las perspectivas. Se debe tener una mente bien abierta y dispuesta a intentar métodos diferentes para alcanzar tus ideales. En cada situación que enfrentes, adopta el hábito de preguntarte si habrá una manera diferente de resolver el dilema planteado. Si es así, ¿es la más conveniente? Ver los problemas desde otro punto de vista es vital para alcanzar el *infinito*.

"Se debe tener una mente bien abierta y dispuesta a intentar métodos diferentes para alcanzar tus ideales".

Después de haber estudiado durante muchísimas horas, el resultado de aquella primera prueba no había sido el que yo esperaba. Había reprobado mi primer examen. Pero, ¿cómo pudo suceder eso? ¿Qué falló?

¿Qué estaba haciendo mal?

Algunos padres podrían hacerse la misma pregunta cuando descubren que sus hijas adolescentes están embarazadas, o si encuentra alguna sustancia prohibida en los bolsillos de su hijo. ¿Qué falló? Es una pregunta muy importante, pero no es la más apropiada en el momento, porque llevará a enfocarse en los errores y en lo negativo. La pregunta clave sería: ¿Qué puedo hacer para obtener los resultados esperados? ¿Qué puedo hacer para ayudar a mi hija? ¿Qué puedo hacer para que mi hijo se rehabilite?

La manera en que nos planteamos los problemas puede llevarnos a pensar en las posibles soluciones. En mi experiencia, uno de mis compañeros de clase me sugirió otro método de estudio. Él me convenció que ya había tenido buenos resultados con unos exámenes "simulados". Al principio me resistí a la idea, pero aquellos nuevos simuladores resultaron ser la solución correcta para mi meta (aprobar mis exámenes) con el fin de obtener mis certificaciones. Al cabo de un mes, ya había pasado tres de los catorce exámenes requeridos y obtuve mi primera certificación. ¿Cuál fue la diferencia? El segundo método de estudios tenía una forma distinta de plantear los problemas.

Querido lector, quiero decirte que si existe un problema que debes simplificar en tu vida, tienes la oportunidad de volver al paso número uno y *replantear* la situación desde otra perspectiva. Te aseguro que obtendrás un mejor resultado.

ANÉCDOTA SOBRE SIMPLIFICAR

Cuando la NASA comenzó a enviar astronautas al espacio, descubrieron que los bolígrafos no funcionarían sin gravedad (o con gravedad cero), pues la tinta no fluiría a la superficie en la que se deseara escribir.

Posible solución No. 1:

Resolver ese problema, le llevó a la NASA seis años y doce millones de dólares. Desarrollaron un bolígrafo que funcionaba bajo gravedad cero, al revés, debajo del agua, y que prácticamente escribía en cualquier superficie incluyendo el cristal y en cualquier temperatura extrema.

Posible solución No. 2

Por otro lado, ¿qué hicieron los rusos? ¡Utilizaron un lápiz!

"Cuando sientas que todo se pone en tu contra, recuerda que un avión despega contra el viento, no a favor".

Henry Ford

OTRA PERSPECTIVA

Por cada desafío que te separa de tu meta, escribe por lo menos 5 posibles soluciones. Analiza todas y cada una de ellas. Organiza las posibles soluciones y trata de implementarlas una a la vez. No te rindas. Persevera hasta que lo logres.

_____

_____

_____

_____

_____

_____

_____

CAPÍTULO 11

LOS RESULTADOS: MI EXPERIENCIA

"La sabiduría es hija de la experiencia".

Leonardo Da Vinci

L eonardo Da Vinci fue uno de los genios de la antigüedad: poseía una mente brillante. Una vez dijo que "la sabiduría es hija de la experiencia". Es por eso que a continuación quiero compartir mi *experiencia* con el único objetivo de animarte a alcanzar tus metas, sin importar cuáles sean, incluyendo el infinito.

"Una espina de experiencia vale más que un bosque de advertencia".

Robert Lowell

Hasta aquí hemos compartido una jornada que se inició en el cero. Hemos aprendido lo importante que es mantenerse en el lado positivo, avanzando firmemente hacia el infinito mientras eliminamos los obstáculos que se nos presenten en la vida. He enfatizado que debemos identificar metas claras y definidas, al igual que trazar un plan para alcanzar dichas metas. Mi propósito ha sido compartir los resultados que he experimentado desde mi llegada a Estados Unidos, hasta ver mis sueños convertirse en realidad. Es algo que considero mi versión del "sueño americano".

Un 4 de agosto, años atrás me encontraba mirando por la ventanilla del avión que me llevaba al aeropuerto internacional de la ciudad de Nueva York. Faltaba poco menos de una hora para que el avión aterrizara. Fue en ese momento que los asistentes de vuelo nos entregaron unos formularios de inmigración donde se solicitaba la dirección a la que cada uno se dirigía. Me hice las siguientes preguntas: "¿Dónde voy a vivir? Es más, ¿dónde voy a dormir esta noche?" Así es la vida cuando eres joven y se tiene un corazón lleno de ilusiones. Emprendí mi viaje a los Estados Unidos sin saber adónde iría, sin familiares cercanos, sin padres, hermanos, primos; en fin, no tenía a nadie que firmara mi apellido o llevara mi sangre. "Dios, necesito hacer un trato contigo. Si me guías a cada paso del camino, te serviré por el resto de mi vida".

Poco sabía yo lo grande que es la provisión divina. Es verdad que no contaba con familiares en Estados Unidos, pero sí tenía amigos. Los esposos Duarte habían sido vecinos y amigos de mi familia durante muchos años, antes de emigrar a Estados Unidos. Sus hijos, eran mis amigos de infancia. El aprecio y cariño que aquella familia me tenía eran suficientes para brindarme todo el apoyo que necesitaba para abrirme paso en este país. Tan solo había un detalle: la familia estaba en el proceso de mudarse a un nuevo apartamento.

Dios escuchó mi oración. El mismo día, no antes ni después, sino el mismo día que llegué a Estados Unidos la providencia divina hizo que le entregaran las llaves del nuevo apartamento a la familia Duarte. Allí estaba mi respuesta: no solo pasé allí la noche recordando anécdotas y vivencias con sus hijos, sino que aquella familia me brindó albergue, amor y apoyo durante los próximos once meses.

Mario, uno de los hijos, me recomendó para trabajar en el restaurante donde él laboraba y durante los próximos meses las cosas parecían ir bien en mi nueva vida. Sin embargo, mi gran anhelo era estudiar ingeniería de sistemas y graduarme para aprovechar mi formación profesional. Mientras tanto, las propinas eran un gran incentivo para seguir trabajando en el restaurante. Lamentablemente, me despidieron de aquel empleo antes de cumplir allí los tres meses. Mario me recomendó a otro restaurante de donde me despidieron la primera noche. Gracias al amor y la bondad de doña Teresa Duarte y de su familia no me faltó nada material, ni un techo; pero vivir en Estados Unidos sin trabajo constituía un desafío muy grande.

Una familia mayor que la familia carnal es la familia espiritual. Había aceptado el llamado de Dios, uniéndome a la familia de Dios a la edad de 14 años. Recuerdo las palabras del pastor que me entregó el acta bautismal: "Este certificado te acredita como miembro de la familia de Dios *mundial*. Bienvenido a la familia de Dios". Parte de esa familia lo eran también los hermanos Valerio: Francisco, Dignora, Silvia, Helaine y Argenis. Como familia espiritual, me brindaron todo el apoyo que necesitaba para mantenerme en la fe y asistir a la iglesia los fines de semana. A través de Dignora conocí al pastor José Carpio, quien además de brindarme el apoyo espiritual, se identificó conmigo y fue mi mentor, y prácticamente un padre para mí.

El pastor Carpio me ofreció que colaborara en la limpieza del templo de dicha iglesia donde también dirigía el ministerio de jóvenes. Dios en su amor estaba guiando mi vida sin duda alguna. En aquel tiempo fue que me inscribí en la universidad para estudiar inglés, sin embargo el alto costo me impedía entrar a la carrera de ingeniería. Mis sueños de estudiar debían ser pospuestos hasta que las circunstancias fueran más favorables.

Llegó la hora de abandonar el nido de amor y protección que encontré en los hogares de las familias Duarte y Valerio, pues ya era hora de emprender mi propio vuelo. Así que agradecí todos ellos por su gran apoyo y alquilé una habitación. Mis entradas eran apenas suficientes para pagar el alquiler y tuve que buscar empleo como cajero de un supermercado con el fin de subsistir. En muchas ocasiones, la mitad de un pollo al horno fue mi almuerzo, y la otra mitad mi cena durante muchas semanas. Algunas hermanas de la iglesia me brindaban de vez en cuando algún plato de comida caliente, algo que recuerdo con mucho aprecio por la gran generosidad que mostraron. Por otro lado, las inclemencias del invierno iban haciendo estragos en mi cuerpo caribeño, mientras me adaptaba física y emocionalmente a aquella nueva vida.

En la iglesia también conocí a un hermano, que por su aprecio y atención desinteresada se ganó mi admiración y respeto. No podré olvidar el día que él me entregó el guía del autobús escolar que manejaba con la idea de darme lecciones gratis para que aprendiera a guiar autobuses escolares. Henry ha sido más que un maestro, un amigo, y como un padre para mí. La vida más adelante me daría el privilegio de convertirme en su yerno. Ya como parte de la familia Cordero-Ledesma experimenté una aceptación y un amor que únicamente puede sentirse cuando Dios guía nuestros pasos.

Dios tenía preparada para mí la sorpresa más grande de mi vida; fue algo que sucedió un viernes mientras preparaba la programación juvenil, mis ojos se deslumbraron al ver entrar por las puertas de la iglesia a una joven de cabello negro y largo, vestida en forma elegante con ropa de invierno. No la había visto antes y sentí que mi corazón dio un salto de alegría al verla.

Dios me dio la oportunidad de comenzar con ella una linda amistad, que luego se convirtió en noviazgo y finalmente aquella hermosa joven se convirtió en mi esposa; mi reina, Brenda.

"El camino hacia la felicidad es tan estrecho que dos personas pueden atravesarlo si se convierten en una".
Autor desconocido

Definitivamente al conocer a Brenda mi jornada hacia el infinito dio un giro positivo. Ahora con una compañera de viaje podía ver mis metas más claras y el deseo de alcanzarlas se multiplicó. Así que tenía que trabajar arduamente para hacer de mis metas junto con las de ella *nuestras metas*, algo que lógicamente incluía formar un hogar. Con el paso del tiempo el fruto de nuestro amor llegó en partida doble, tres años después de nuestra boda dimos la bienvenida a este mundo a nuestros hijos gemelos, Christian y

Christopher.

Del supermercado pasé a manejar un autobús escolar; del autobús escolar a una agencia de envío de valores y de allí a la librería. Cada uno de esos empleos me ayudó a avanzar un poco más en mi jornada. Después de casi un año de arduo trabajo, obtuve todas mis certificaciones. Pude entrar a mi campo de especialización como contratista para la municipalidad de Nueva York y luego fui empleado a tiempo completo por la Agencia de Servicios Infantiles de la misma ciudad (NYC ACS por sus siglas en inglés). Asistí un año más a la universidad y me gradué con máximos honores: *Suma Cum Laude*.

Mi experiencia laboral incluye haber trabajado como encargado de redes para la ciudad de Nueva York y la Ciudad de Yonkers. Pero la mayor satisfacción la sentí cuando un 19 de febrero, dos días después de haber cumplido treinta y tres años regresé al salón de clases y esta vez no como alumno, sino como profesor adjunto y con el objetivo de enseñar a un grupo de alumnos. ¡Por fin! ¡Había llegado a mi meta!

¡Ojalá que mi experiencia te sirva de inspiración! Que comprendas es necesario perseverar una vez que tomes cualquier decisión; sobre todo, frente a circunstancias adversas. Recuerda que debes abrigar una fe positiva, aprendiendo a aceptar la ayuda de los demás, así como mantenerte fiel a tus valores y principios, sin escatimar esfuerzos y sacrificios maximizando tu potencial. Entonces podrás hacer que tus sueños se conviertan en realidad. ¡Puedo testificar de eso mismo!

"No importa que caigas siete veces, levántate ocho".

Proverbio japonés

EVALÚA LOS RESULTADOS

Regresa a la actividad número 10, al final del capítulo 10, y evalúa los resultados obtenidos. Cada resultado no completado satisfactoriamente debería ser evaluado. Si es necesario elabora una nueva lista de 5 posibles soluciones que no habías intentado antes.

_____

_____

_____

_____

_____

_____

_____

_____

_____

CAPÍTULO 12

EL INFINITO: EL ALFA Y LA OMEGA

*"Las matemáticas son el alfabeto con el cual Dios
ha escrito el universo".*

Galileo Galilei

El Creador es la fuente de toda sabiduría y ciencia. Su amor inmensurable hace que sea posible nuestra existencia. El amanecer, la lluvia, el viento, el gorrión, la flor y el aire que respiramos atestiguan que él es la fuente de nuestra vida.

Debes reconocer que Dios es infinito, ya sea que lo conozcas como Yahveh, Alá, la Mente Suprema, el Todopoderoso, el Dios del cielo, o Jesús. Si eres de aquellos que niegan su existencia porque no lo comprendes, recuerda que si tú siendo finito y mortal comprendieras al infinito y eterno, Dios dejaría de ser Dios. Hoy te hago la invitación para que le abras el corazón a tu Creador y aceptes que Dios es amor.

"Si fuera posible para los seres terrenales obtener pleno conocimiento de Dios y de sus obras, no habría ya para ellos, después de lograrlo, ni descubrimiento de nuevas verdades, ni crecimiento del saber, ni desarrollo ulterior del espíritu o del corazón. Dios no sería supremo; y el hombre, habiendo alcanzado el límite del conocimiento y el progreso, dejaría de adelantar. Demos gracias a Dios que no es así. Dios es infinito".

White, E.G., "El Camino a Cristo"- pág. 109

DEL CERO AL INFINITO representa la jornada de mi vida. La búsqueda insaciable de cualquier alma que corre tras metas y objetivos terrenales deberá culminar con el encuentro que nos lleve a la eternidad: la meta más grande que jamás podamos alcanzar, el encuentro con Jesús. En este mundo, cada paso que demos implicará una diferencia en tu vida, o en la vida de los demás. Evita en todo momento alejarte del objetivo principal para el que viniste a este mundo.

Toda meta por noble y elevada que parezca carece de valor verdadero si no la trazamos con una perspectiva que parte desde el infinito; es decir, desde la perspectiva divina. Todos tus planes deben comenzar y terminar con Dios.

"Yo soy el Alfa y la Omega, principio y fin".

Jesús

A ti que quizá recibiste este libro siendo aún joven, te digo: "Levántate y sal a conquistar el mundo". Y si eres de los que tienen más edad te diría: nunca es tarde para comenzar. Lucha por alcanzar tus ideales y que tu vida sea una inspiración para los que te rodean. Aprende de tus errores, perdónate a ti mismo y continúa hacia adelante. ¡No te detengas! Deja el cero atrás hoy mismo. ¡Pon todos tus planes en las manos de Dios y él te ayudarán a alcanzar la victoria!

"Todo lo puedo en Cristo que me fortalece".

*Tu nombre*_____

Permíteme utilizar las siguientes líneas para agradecer tu compañía en este viaje que se inició en el cero, y que tiene como destino al infinito. En nuestra jornada hemos observado que en la vida hay principios parecidos a los que encontramos en la matemática. Yo le llamo a esto **la matemática del éxito.** Espero que hayas disfrutado la lectura de este libro, y es mi mayor deseo que nuestros pasos se crucen en la eternidad, donde podremos disfrutar el inmerecido privilegio de haber llegado a la meta final: *El reino eterno del Dios del amor infinito.*

BIOGRAFÍA DEL AUTOR

A pesar de sus inicios humildes, Edwin De Paula ha logrado sus sueños y metas profesionales. Él se ha desempeñado como ingeniero de redes, laborando para la ciudad de Nueva York, la ciudad de Yonkers, así como para instituciones privadas. También ha sido profesor adjunto de redes de comunicación.

Edwin comparte su vida con su amada esposa Brenda y sus dos hijos Christian y Christopher. Además de escribir y ofrecer seminarios y charlas, el autor está trabajando en su grado de maestría en ministerio pastoral en la Universidad Andrews, ubicada en Berrien Springs, estado de Michigan en Estados Unidos.